모든 인연 있는 이들이여
괴로움의 윤회에서 벗어나소서

괴로움에서 벗어나는 길

정왜스님 글

도서출판 도반

글

정왜 스님
송광사에서 출가하고 수행함

발원

지난 과거에 모든 인연 있던 이들이여
괴로움의 윤회에서 벗어나소서

현재의 모든 인연 있는 이들이여
괴로움의 윤회에서 벗어나소서

다가올 미래의 모든 인연 있는 이들이여
괴로움의 윤회에서 벗어나소서

'나'가 있다는 것으로부터의 욕망에서
탐욕과 분노와 어리석음에 빠져

괴로움의 윤회를 받는 모든 이들이
다 같이 보리의 행을 실천하여

괴로움의 윤회에서 속히 벗어나기를
몸과 마음을 다하여 보리행 실천의
길을 이야기합니다

인연이 있는 이는 읽고 행하여
괴로움의 완전한 소멸을 이루어
대자유를 얻기 바랍니다

차 례

첫 번째
일체의 모든 것은 괴로움이다 13

두 번째
모든 법에는 고정되어 있는 '나'가 없다 29

세 번째
모든 행은 항상한 것이 없다 47

네 번째
청정함으로 들어가는 길 67

다섯 번째
고요함으로 들어가는 길 87

여섯 번째
무명에서 벗어나는 텅 빔의 지혜 115

일곱 번째
삼매의 길 145

여덟 번째
큰 보리의 행을 실천하는 길 187

부침의 글

설령 밭에 곡식과 잡초가 뒤섞여 있고
곡식과 곡식들이 분별없이 자랐어도

현명한 농부는 이를 잘 헤아려서 수확하듯이
지혜로운 보리의 행을 실천하는 보리행자는

<u>스스로도 원하는 대로 얻고</u>
다른 이도 원하는 대로 얻을 수 있도록

시간과 힘을 다하여
읽고 전하고 이야기하기를
두손 모아 간절히 바랍니다.

첫번째 장

일체의 모든 것은 괴로움이다

일체의 모든 것은 괴로움이다
태어남 늙음 병듦 죽어감 등과
원하는대로 이루어지지 아니하는 것들
모든 것이 괴로움의 덩어리임을 아는 장이다

1-1
한 생각 일어나는 것 괴로움의 싹틈이요
한 걸음 움직이는 것 괴로움의 커감이요
한마디 내 뱉는 것 괴로움의 꽃 핌이다
이와 같이 모든 것은 괴로움의 무더기이다

1-2
한 생각 멸하면 그곳이 고요함이고
한 걸음 멈추면 그곳이 고요함 세계이고
한마디 침묵하면 그곳이 고요한 경지이다
한순간 쉬면 그곳이 깨달음 자리이다

1-3
본래 성품은 지극히 고요하여 걸림이 없는데
생각 생각 선택함의 갈림길 위에 서서
좌충우돌 괴로움의 연속됨일 뿐이로다
괴로움의 윤회에서 하루 속히 벗어나야 한다

1-4
만족하여 선택한 행복하다 하는 길도
어찌하여 선택되어진 고통스러운 길도
단지 가깝고 멀고의 차이일 뿐
모든 결과는 괴로움의 고통을 가져다 준다

/ 일체의 모든 것은 괴로움이다

1-5
생겨남이 없으면 흘러감도 없고
흘러감이 없으면 파도침도 없고
파도침이 없으면 부서짐도 없다
그러므로 생겨남이 없으면 모든 일어남이 없다

1-6
하나의 점이 시작되어 한 선을 이루고
하나의 선이 연결되어 한 면을 이루고
하나의 면이 이어져 한 모양을 만든다
한 모양이 이루어지면 이것과 저것으로 나누어진다

1-7
이것과 저것으로 분별되어 나누어지면
크고 작음 밝음과 어두움 등으로 나누어지고
서로서로 다름으로 상대함이 된다
상대함은 시비와 다툼의 원천이 된다

1-8
한 생각이 일어나서 한 문장을 만들고
한 문장이 연결되어 한 이야기를 만들고
한 이야기가 모여서 커다란 일들이 된다
커다란 일들은 나의 일과 남의 일로 나누어진다

1-9
나의 일과 남의 일로 나누어지면
좋아하는 것과 싫어하는 것들로 나누어진다
이것들이 취함과 버림의 간택함이 된다
그리고 괴로움의 무더기를 낳는다

1-10
만족하여 선택한 행복하다는 길은
미래에 지는 꽃을 보호하기 위함 같고
어찌하여 선택하여진 고통스러운 길은
지금 진흙탕에서 허우적거림과 같다

1-11
지는 꽃을 안타까워 보호하기 위하여 노력함도
진흙탕에서 벗어나기 위하여 힘을 쓰는 것도
모두 괴로움임을 깊이 알아 잠깐의 기쁨에
길고 긴 괴로움의 윤회의 고통을 만들지 마라

1-12
모든 괴로움의 근원인 선택함은
나가 고정되어 있다는 관념에서 오는 것이라
나를 위한다는 생각에서
나를 충족시키기 위하여 일어난다

/ 일체의 모든 것은 괴로움이다

1-13
나라고 하는 것을 충족시키기 위하여
욕망으로 어두워진 어리석음에 빠져
탐욕의 불길과 분노의 파도를 일으킨다
탐욕과 분노와 어리석음은 괴로움의 화수분이다

1-14
태어나는 순간부터 '나'가 있음이 이루어지고
'나'는 최고요 '나'만 훌륭하다 하는
지극히 자기중심적인 강렬한 욕망을 일으킨다
태어남은 자기 존재감과 욕망을 움켜쥐고 나온다

1-15
자신의 존재가 있다고 여기니 지킴이 있고
지킴이 있으므로 욕망의 집을 짓고
욕망의 집은 그 크기가 한이 없으므로
시비와 다툼의 혼란에 빠지게 된다

1-16
한 생각이 일어나는 것은
싹이 트고 잎이 피고 꽃이 피고 열매를 맺는 등의
나무가 커져 가는 것과 같이
갖가지의 인연된 일들의 결과를 가져온다

1-17
나무가 커져 감에 여러 가지 조건들이 필요하듯이
생각도 커져 감에 이러한 일 저러한 일
주변의 갖가지의 조건들이 필요하게 된다
그러나 충족하지 못하면 근심과 걱정에 싸이게 된다

1-18
지나간 일들에 후회하고 아쉬워하고
아직 오지 않은 일들을 근심하고 걱정하고
지금 이 순간순간들을 갈팡질팡하면서
스스로 일으키고 키우고 멸하며 괴로움을 당한다

1-19
이러한 괴로움을 일으키는 것들에는
여덟가지의 근본 뿌리가 되는 것이 있고
네 가지의 거친 파도를 일으키는 것들이 있다
이것들을 하나하나 헤쳐 가며 관찰하고 사유함이라

1-20
여덟 가지의 근본 뿌리가 되는 것에는
태어남 늙어 감 병듦 죽음 등과
사랑하는 이와 헤어짐 원수와 만나는 것
구할래야 구할 수 없고 소멸되어 가는 것 등이다

/ 일체의 모든 것은 괴로움이다

1-21
태어남이란 기쁨이란 가면을 쓰고 온다
늙어감과 병듦과 죽음을 동반하고
삶이란 외나무다리를 건너기 위하여
웃음 속에 고통의 씨앗들을 감추고 온다

1-22
늙어 가는 시간의 흐름에는 아무리 사랑하고
보호하여도 늦추거나 멈출 방법이 없다
마치 큰 홍수에 쓸려 내려가는 통나무처럼
지키려 온갖 힘을 다하여도 지킬 수가 없음이라

1-23
병고의 창고인 이 몸은 아픔의 샘이라
이 몸은 유리알 같고 물거품 같음이라
언제 깨어지고 언제 꺼질지 모르는 것을
단 잠시도 아픔의 고통이 쉼이 없음이라

1-24
죽음은 그 누구도 피하여 갈 수가 없음이라
항상 선택의 길 위에 서서 살아왔지만
선택할 수 있거나 선택함이 필요 없는 죽음
모든 것에서 헤어짐 그 얼마나 큰 고통인가

1-25
사랑하는 사람을 만나면 행복하다 하나
언제인가는 반드시 헤어짐이 있나니
살아서 헤어지면 보고 싶어 그리워하고
죽어서 헤어지면 그리워서 보고 싶어 함이라

1-26
미워하는 이와의 만남은
만나면 미워하는 일이 있어 고통스럽고
헤어지면 미워하는 일이 남아 있어 고통스럽다
그러므로 항상 고통 속에 남아 있음이라

1-27
구하려 온갖 노력을 다하여 힘을 써도
'나'가 있어 '나'를 위한다는 것과
'나'가 있어 '나'를 충족시킨다는 것에 대하여
마음대로 얻을 수가 없음이 대부분이어라

1-28
소멸되어지는 것은 하루해가 뜨고 지는 것처럼
한 해가 피고 지며 흘러가는 것처럼
아무리 튼튼한 몸도 쇠하여 가고
아무리 많이 가지고 있다 함도 쇠하여 감이라

/ 일체의 모든 것은 괴로움이다

1-29
이 몸의 아홉개 구멍에서 나오는 더러움을
보고 알고 생각하고 느낀다면
이 몸에 집착할 것이 없음을 알아차리고
항상하지 않음을 알아 허망한 것임을 알 것이라

1-30
태어나니 늙어 감의 수레가 기다리고
늙어 가니 아픔의 생채기가 일어나고
아픔이 연속되어 죽음을 만남이라
태어남은 모든 것의 씨앗이고 근원이다

1-31
기쁨이란 가면 뒤에 은밀하게 숨겨진
욕망의 칼과 집착의 창들에 조심하여야 한다
그것들은 달콤한 원하는 것들을 가져다 주지만
한눈파는 순간 그것들에 의하여 상처를 입는다

1-32
네 가지의 파도를 일으키는 괴로움에는
순간순간 밀려오는 번뇌의 파도 식탐의 파도
음욕의 파도 수면욕의 파도 등이다
번갈아 가면서 간단없이 밀려오고 밀려감이라

1-33
번뇌의 파도는 문지기처럼 지키고 있다가
번개처럼 득달같이 달려오나니
찰나의 쉼도 주지 아니 하는 것이
바다의 파도가 밀려오고 밀려감과 같음이라

1-34
식탐의 파도는 불을 때는 아궁이처럼
먹어도 먹어도 허기짐을 채울 수 없는 것이
밑 빠진 독에 물을 부음과 같으며
바다의 파도가 밀려오고 밀려감과 같음이라

1-35
음욕의 파도는 짙은 안개와 같아서
일어나고 사라짐이 슬며시 오고 슬며시 가면서
모든 눈과 의식을 흐리게 하는 것이
바다의 파도가 밀려오고 밀려감과 같음이라

1-36
수면욕의 파도는 그믐밤의 어두움과 같아서
모든 것을 어두운 굴속으로 삼켜 버리고
시들어 버리고 마는 화병의 꽃처럼 만드나니
바다의 파도가 밀려오고 밀려감과 같음이라

1-37
번뇌와 식탐 음욕과 수면욕의 파도가
밀려오고 밀려가면서 괴로움을 만들어
고통 속에 빠져서 헤메이는 것을 어찌 그냥 있어서
괴로움의 파도에 고통의 윤회를 받으리오

1-38
이와 같이 모든 것이 괴로움의 무더기임을 알고
괴로움의 원인은 만들지 말 것이며
이미 일어났으면 하루 속히 벗어나기를
몸에 더러운 오물을 씻어 내듯이 속히 함이라

1-39
그러나 모든 것이 괴로움이다 하여
허무에 의한 나태함에 빠져서
좌절과 무기력하여서는 아니 된다
괴로움의 진실한 실상을 아는 것이 중요하다

1-40
허무와 나태함에 빠진 자는
목이 마른데 물을 마신다 하여도 또다시
목이 마를 것을 걱정하여 물을 마시지 않음과 같아서
몸을 상하게 하는 어리석음과 같음이라

1-41
배고픔이 있지만 또다시 소화가 될 것을 생각하여
음식을 먹지 않아 몸을 상하게 함과 같음이라
이 얼마나 어리석고 안타까운 일이 아니던가
참으로 괴로움의 본질을 아는 것이 중요하다

1-42
모든 것이 괴로움이다 하는 것은 이 괴로움이
'나'가 고정되어 있다 하는 것으로부터의 욕망에서
나온 것임을 알고 그것들의 실체를 잘 알아서
집착함의 괴로움을 만들지 말라는 것이다

1-43
마치 강을 건너가려 하는 이에게
그 강을 잘 아는 사람이
강의 깊이와 강의 흐름과 강의 세기를 잘 말하여 주어
강을 안전하게 건너갈 수 있게 함과 같음이라

1-44
있음에 의하여 집착하여 괴로움을 당하는 이에게
육체도 괴로움 덩어리요
의식도 괴로움 덩어리라는 것을
알려 주어서 속히 헤어나오게 함이니라

1-45
앞으로 얼마나 긴 세월 동안
보기 싫은 것을 보아야 하고
듣기 싫은 것을 들어야 하고
맡기 싫은 것을 맡아야 하는가

1-46
먹기 싫은 것을 먹어야 하고
느끼기 싫은 것을 느껴야 하는가
추위와 더위와 배고픔과 아픔 등에
고통스러움을 겪어야 하는가

1-47
앞으로 얼마나 더
음욕의 일어남을 참아야 하고
잠이 오는 것을 참아야 하고
식욕의 파도를 넘어야 하는가

1-48
앞으로 얼마나 더
살생으로 인한 아픔을 겪어야 하고
가지고 싶은 욕망을 눌러야 하고
음욕의 생각들을 잠재워야 하는가

1-49
앞으로 얼마나 더
말에 의한 실수로 상처를 겪어야 하고
나쁜 음식물로 인한 괴로움을 겪어야 하고
알게 모르게 생채기를 당하여야 하는가

1-50
앞으로 얼마나 더
사랑하는 이와 이별의 슬픔을 겪어야 하고
원수를 얼마나 더 만나야 하고
구할래야 구할 수 없음에 안타까워하여야 하는가

1-51
앞으로 얼마나 더
긴 어두움 속에서 과거의 아픈 기억에 시달려야 하고
미래의 불안한 생각에 두려워하여야 하고
순간순간 파도치는 번뇌에 괴로워하여야 하는가

1-52
앞으로 얼마나 더
재물과 명예 권력의 소멸되어짐에 안타까워하고
육체가 늙고 병들고 추해져 감에 안타까워하고
알고 있던 것이 잊혀져 감에 안타까워하여야 하는가

/ 일체의 모든 것은 괴로움이다

1-53
잠시 잠깐의 달콤함에 긴 괴로움을 잊으면 안 된다
잠시 잠깐의 기쁨 속에 긴 괴로움을 잊으면 안 된다
참으로 스스로에게 연민하고 자비심을 일으켜
속히 괴로움에서 벗어나려고 힘을 다하여야 한다

1-54
한 걸음 한마디 한 생각 한 행동 등
모든 것이 그 얼마나 괴로움의 덩어리인가
지우려 하나 생각하지 않으려 하나
생각대로 되지 않음이 모두 괴로움의 덩어리이다

1-55
가지고 있지 않을 적에는
갖으려 욕망의 힘을 다하니 괴로움이요
가지고 있을 적에는
그것들을 지키려 하니 괴로움의 고통이다

1-56
용맹한 장수가 적들의 무리를 단칼에 베어 버리듯
농부가 밭의 잡초를 잘 골라서 뽑아 버리듯
괴로움의 윤회를 받게 하는 것들을 잘 알아서
진흙탕에서 발을 빼어 내듯이 해야 한다

1-57
보리의 행을 실천하는 보리행자는
모든 것이 괴로움 덩어리임을 길잡이가 길을 살피듯이
깊이 관찰하고 사유하여 낱낱이 파헤쳐서
있음으로 인한 집착의 괴로움에서 벗어나야 함이라

1-58
보리의 행을 실천하는 보리행자는
모든 것이 괴로움의 덩어리임을 알아
스스로도 괴로움의 윤회에서 벗어나고
다른 이도 괴로움의 윤회에서 벗어나게 함이라

1-59
보리의 행을 실천하는 보리행자여
육체는 여섯의 도둑이 지키고 있는 불타는 집이러니
포로로 잡혀 있다가 도망쳐 달아나 나오듯이
괴로움의 집인 육체의 덩어리에서 도망쳐 달아나야 한다

1-60
보리의 행을 실천하는 보리행자여
'나'라고 하는 것은 욕망의 쓰레기 덩어리이니
'나'라고 하는 것에서 물거품에서 벗어나듯이
속히 벗어나 텅 빔의 본래 성품에 들어야 한다

/ 일체의 모든 것은 괴로움이다

두 번째 장

모든 법에는
고정되어 있는 '나'가 없다

모든 법은 정해져 있는 어떠한 '나'가 없다
물질로 이루어진 것들도 변하여 가고
의식한 것들도 순간순간 흘러가 버린다
모든 것이 고정된 '나'가 없음을 아는 장이다

2-1
법이란 모든 일어나고 멸하여 가는
이치와 현상들의 흘러감을 모두 일컬어 말한다
물질의 모임과 흩어짐도 법이요
의식의 일어남과 멸하여 가는 것도 법이다

2-2
흩어지는 연기처럼 물질들도 모이고 흩어지고
흘러가는 강물처럼 인식하는 것들도 오고 간다
그 어느 것도 과거의 것들은 모두 흩어져 버렸고
그 어느 것도 미래에는 지금의 것들과 다름이라

2-3
'나'가 있다 하여 고집하고 시비하고 분별을 지어
이것이 '나'다 저것이 '너'다 주장하는데
물에 고정된 '나'가 있다면 변하지 말고
의식에 고정된 '나'가 있다면 흘러감이 없어야 한다

2-4
'나'가 고정되어 있다고 주장하는 이들의
편견과 고집을 없애주기 위하여 말하노니
그 어디에도 따로이 '나'라고 할 만한 것이 없음을 알아라
그러므로 있다 하는 집착의 괴로움에서 벗어나기를

2-5
또 어떠한 이들은 다섯 가지의 덩어리들을
'나'라고 주장하고 고집하여 착각한다
다섯 가지 덩어리들은 다만 습에 의해 모인 것이라
이것들에 의하여 욕망되어 괴로움 받음을 알아야 한다

2-6
어떠한 것들이 다섯가지 습의 덩어리인가?
네 가지 물질의 화합으로 이루어진 육체 덩어리
지각되어 느낌으로 이루어진 느낌 덩어리
상대하여 인식되어 이루어진 생각 덩어리

2-7
작용하여 행위들로 이루어진 행동 덩어리
인식됨으로 쌓여져서 이루어진 의식 덩어리
이 다섯 가지 쌓임의 무더기들이
서로 유기적으로 흘러가며 작용한다

2-8
이 다섯 가지 쌓임의 덩어리들이
일어나고 멸함이 자신이 하는 것처럼 착각하여
이것들의 작용을 일러 자기 자신이라고 주장한다
그리하여 고집하고 집착하여 시비와 분별심을 일으킨다

2-9
이 다섯 무더기들은 어떠한 고정된 실체가 없지만
있음으로 그릇 인식되어 있음처럼 작용한다
마치 비 온 뒤의 무지개는 실로 어떠한 고정된
실체가 없지만 있는 것과 동일하게 보임과 같다

2-10
육체 덩어리는 네 가지 물질의 화합으로 이루어진 것이니
몸의 구성되어 있는 것들을 하나하나 사유하여 봄이라
눈과 귀와 코와 혀와 몸 등의 물질 덩어리들이
단 한 순간도 멈춤 없이 변하여 가는 움직임을 보리라

2-11
몸의 모든 곳에서 잠시도 쉬지 아니하고
이 물질들이 흘러나오고 떨어져 나가며
늙어 가고 아파하고 썩어 감을 알고
그리고 얼마의 시간이 지나가면 흩어져 감을 알 것이다

2-12
아침 이슬처럼 저녁 햇살처럼 있다 하나
사라지고 마는 것 어찌 있다 할 수 있는가
물질로 쌓여져 온 그 어느 것들도
잠시도 머물러 있는 것이 없음을 알 것이라

2-13
어린 아기일 적에는 몸이 점점 커져 가다가
나이가 들면 다시 가벼워진다
어느 때는 살이 쪘다 하고 어느 때는 말랐다 하고
몸이 이와 같이 변함으로 실로 고정된 '나'가 없음이라

2-14
느낌 덩어리는 지각되어 느낌으로 모여진 것이라
눈의 느낌 귀 코 혀 몸 등의 느낌들이
그 어떠한 곳에 고정되어 실로 있는지 보아라
단 한 순간도 어떠한 모습으로 머물러 있음이 없음이라

2-15
이 느낌들은 머무름이 있지 아니하여
번쩍이는 번갯불처럼 순간순간 일어나고
순간순간 멸하면서 자극을 일으키며 작용한다
그러므로 그 어느 곳에도 머물러 있는 느낌은 없다

2-16
물거품 같고 번갯불처럼 있다고는 하지만
있다고 느끼는 순간 사라지고 만다
느낌 그 어느 것도 모양이 있어서 잡을 수 없느니라
그러므로 그 어느 곳에도 이렇다 하는 고정된 느낌은 없다

2-17
매운 맛의 자극이 일어날 때에는 무척 매운 느낌이다
그러나 물을 마시거나 시간이 지나가면 점점 줄어든다
그리고 얼마 지나지 아니하여 매운 느낌이 모두 사라진다
이와 같이 모든 느낌 또한 일시적 현상에 불과하다

2-18
슬픈 일을 만나면 의식에 충격의 느낌을 받는다
그 순간에는 고통이 참기 어려울 정도로 매우 크다
그러나 상황이 정리되고 시간의 흐름이 흘러갈수록
아픔의 자극이 줄어든다. 느낌의 모든 것이 이와 같다

2-19
생각 덩어리는 순간순간 상대하여 인식된 것이라
순간의 인식되어지는 상황들에 의하여
상대하여 시비 분별하며 변화하여 흘러감이라
마치 세차게 부는 바람처럼 순간 일어나고 사라진다

2-20
파도가 밀려오고 또 다른 파도가 밀려오듯이
한 순간도 멈추어 있지 아니하고
보고 듣고 냄새 맡고 맛을 느끼고 몸으로 느끼는
상대함에 일어나고 꺼지면서 반복하여 작용한다

2-21
잠시만이라도 생각이 일어나고 사라지는 흐름을 보아라
마치 소용돌이치는 물살처럼 과거에서 현재로
현재에서 미래로 미래에서 과거로 슬픔에서 기쁨으로
나에게서 너에게로 미친듯이 오고 감을 알 것이다

2-22
이와 같이 순간 상대하여 일어나고
순간 상대함에 의하여 멸하는 생각들이
단 찰나도 고정되어 머무름이 없이 흘러간다
그 어느 곳에도 머물러 있는 생각이란 없다

2-23
행동덩어리는작용하여행위들로이루어진것이라
물질로 된 육체와 느낌과 생각들이
잠시도 멈추지 아니하고 흐르고 또 흘러가듯이
이것들에의하여이루어진행위도머무름이없음이라

2-24
움직임이 멈추면 움직임이라고 할 수가 없음이라
그리고 움직임이 움직인다면 고정됨이 없음이라
이와 같이 어떠한 고정된 머무름이 없으므로
행동덩어리그어디에도고정됨이있지아니하다

2-25
숨을 쉬는 움직임을 한다 손과 발을 움직이는 일을 한다
말을 한다 본다 듣는다 냄새 맡는다 느낀다 등
어떠한 움직이는 행위들을 보면 그 어디에도
따로이 행동함의 주체자가 고정되어 있지 아니하다

2-26
이와 같이 행동하여 쌓여져 온 행동 덩어리는
떨어지는 폭포수처럼 있다 하나 있지 아니하고
있는 것과 같이 보이며 단지 작용하여 쓰일 뿐이다
그 어느 곳에도 머물러 있는 행동 덩어리는 있지 않다

2-27
의식 덩어리는 인식되어짐으로 쌓여져 온 것이라
지난 것들에 인식하여 쌓여져 온 의식들
순간순간 인식하여 쌓여 가는 의식들
그 인식되어진 것들이 흘러가며 의식함을 일으킨다

2-28
의식은 훈습된 습에 의하여 일어나고 멸하여 간다
파도가 바람 따라 일어나고
나무가 바람 따라 흔들리듯이
의식 또한 상대함에 일어난 바람 따라 생멸한다

2-29
과거에 인식하여 알고 있다는 의식들
과거에 인식하여 배워 왔다는 의식들
과거에 인식하여 경험하였다는 의식들
과연 그것들이 지금이나 앞으로 얼마나 같을 것인가?

2-30
이와 같이 모든 몸으로나 느낌으로나 생각으로나
행동으로나 인식하여 의식하였다는 것들이
순간순간 변하여 감으로 의식 또한 변하여 감이라
그러므로 의식의 그 어느 것도 남아 있지 않고 흘러감이라

2-31
의식의 행위는 모든 것을 있는 것처럼 착각한다
그리고 그것들을 자기라 하여 합리화하고 주장한다
그러나 그와 같은 것들 또한 사라져 가는 것들이라
그 어느 곳에도 고정되어 머물러 있는 의식이란 없다

2-32
물질인 육체에 자극의 느낌이 상대되어지면
상대함의 생각이 일어나고 육체를 행동하게 한다
의식은 과거에 경험된 습관들 순간의 상황에 따라서
육체와 느낌 생각과 행동을 움직이고 판단한다

2-33
이와 같이 이 다섯 가지 무더기의 쌓임은
서로 유기적 관계에 의하여 이루어진 것이라
앞서거니 뒤서거니 일어나고 멸하여 가면서
단지 흐름의 작용을 할 뿐 어떠한 주체자는 없다

2-34
입이 음식을 먹는다 혀가 맛을 느낀다
생각이 맛이 있다고 한다 이 모든 행동들이 일어난다
의식은 과거와 현재에 음식과 연관됨을 의식한다
그 어디에도 따로이 없이 유기적 작용을 일으킨다

2-35
만약 육체의 입이 없거나 느낌을 맡지 못하거나
생각이 없거나 이 모든 행동들이 일어나지 아니하고
음식에 대한 과거나 현재의 의식이 없다면
음식을 먹지 못할 것이다 이처럼 모두 유기적 작용이라

2-36
마치 저 나무가 잠깐 보면 눈의 보임에 의하여
나무가 있고 꽃이 있고 잎이 있고 줄기가 있음으로 보이나
실다이 보면 꽃도 피고 지고 잎도 피고 지고
나무도 크고 죽어가는 흘러가는 흐름일 뿐이다

2-37
모든 것은 상대하여 일어나고 흘러가는 것
인식하든지 인식하지 못하든지
이것이 있다고 하든지 이것이 있지 않다고 하든지
모든 것은 조금의 간단이 없이 흘러가고 있음이라

2-38
이와 같음을 깊이 관찰하고 사유하여
있다 라고 집착하여 왔던 것들이
불 화로 위의 눈사람과 같음을 알아서
그 어디에도 고정된 '나'가 없음을 알 것이다

2-39
순간순간 내가 있어 한다고 하는 것들이
그 어느 곳에도 남아 있지 아니하면서
수고로움만 더하여 감을 안다면
그 얼마나 한다고 하는 것들이 허망한지 알 것이다

2-40
앞으로 이와 같은 일들을 할 것이다 하는 생각들이
하늘의 뜬 구름을 잡으려는 것과 같고
흐르는 강물을 움켜쥐려 하는 것과 같음이라
그 얼마나 헛된 일인지 알아야 함이라

2-41
이와 같이 있다 라고 하는 자신을 보면
단지 여러 가지의 인연에 의하여 모인 것일 뿐임을
지혜로운 이는 깊이 관찰하고 자세히 사유하여
'나'가 있다 함으로 인한 번뇌의 고통에서 벗어남이라

2-42
눈과 눈에 인식된 느낌 눈에 오는 자극들의 상대함
귀와 귀에 인식된 느낌 귀에 오는 자극들의 상대함
코와 코에 인식된 느낌 코에 오는 자극들의 상대함
혀와 혀에 인식된 느낌 혀에 오는 자극들의 상대함

2-43
몸과 몸에 인식된 느낌 몸에 오는 자극들의 상대함
의식과 의식에 인식된 느낌 의식에 오는 자극들의 상대함
이것들의 일어남과 흘러감과 멸하여 가는 것
과연 그 어느 곳에 머무름이 있는지 사유하여 봄이라

2-44
시원하다 따뜻하다 아름답다 즐겁다
춥다 덥다 더럽다 괴롭다 등
이것들의 일어남 흘러감 멸하여 감을 보아라
이것이 그 어느 곳에 실다이 있는지 보아야 한다

2-45
기쁨의 생각들 슬픔의 생각들
두려움의 생각들 사랑함의 생각들
이와 같은 생각들이 그 어느 곳에 있는지
그 어떠한 모습인지 사유하여 보아야 함이라

2-46
사랑한다 미워한다 기쁘다 슬프다 등
잠깐만이라도 관찰하고 사유하여 보면은
하늘의 구름이 지나가면서 그늘을 잠시 만들 듯
바람이 지나가는 것과 같이 실체가 없음을 알 것이다

2-47
모든 있다고 하는 것은 있음과 같이 보이지만
실은 계속 움직이고 유기적 변화를 하는 것
호수의 물이 가만히 멈추어 있음처럼 보이지만
속을 조금만 들여다 보아도 쉼 없이 흐름을 볼 것이다

2-48
그러나 이렇다고 할 만한 고정된 나가 없다 하여
'나'가 없으니 아무것도 할 것이 없다 하면
하루해가 그 어디에도 머묾이 없으니
그냥 시간을 헛되이 보냄과 같음이라

2-49
그리고 이렇다고 할 만한 고정된 '나'가 없다 하여
공부를 하여도 소용이 없다 하는 자는
지도가 있어도 지도를 볼 수 없는 자가 되듯이
진실한 가르침을 받아 배울 수가 없음이라

2-50
그리고 이렇다 할 고정된 '나'가 없으니
원인도 없고 결과도 없으므로
흐르는 대로 함부로 행동하다 보면은
삼독의 타오르는 불 속으로 뛰어들게 될 것이라

2-51
저 소나무 씨앗에는 소나무가 없음이라
하지만 씨앗이 썩어 싹이 트면
잎이 나고 줄기가 나와 커다란 소나무가 되듯이
모든 일어나는 현상들도 이와 같음이라

2-52
이와 같이 소나무 씨앗에는 반드시
소나무만이 나올 수 있음이 지극한 이치라
씨앗이나 소나무 그 어디에도 이렇다 할 것이 없지만
원인과 결과는 조금의 어긋남이 없음이라

2-53
저 소나무의 씨앗을 펼치면
뿌리와 줄기 꽃과 잎과 솔방울이
생겨나고 커져 가면서
한 세상을 만들어 간다

2-54
소나무의 뿌리와 줄기 잎과 꽃이
또다시 씨앗을 만들어 내나니
오므리면 모든 것이
하나의 씨앗 안에 들어감이라

2-55
이와 같이 사람의 습에도 펼치면
육체와 느낌 생각과 행동 의식이
생겨나고 커져 가서 번뇌의 물결이 이루어져
한세상을 만들어 간다

2-56
사람의 육체와 느낌 생각과 행동 의식이
또다시 습을 만들어 내나니
오므리면 모든 것들이
하나의 습 안으로 들어감이라

2-57
이와 같이 소나무와 씨앗이 펼쳤다 모였다
소나무와 씨앗을 서로 만들어 가며 흘러가듯이
물질과 습이 모였다 펼쳤다 하면서
갖가지의 새로운 인연들을 만들어 가며 흘러간다

2-58
사람이 술을 먹고 취한 행위를 하면
육체 그 자체에도 고정됨이 없어 술기운이 사라지고
술 자체에도 고정됨이 없어 술의 기운이 사라진다
그러나 술에 의한 행위는 그 행위만큼 결과를 받는다

2-59
'나'가 있음을 주장할 만한 것이 없다 함은
'나'가 항상하다 함에 집착하여
탐욕과 분노와 어리석음의 욕망을 일으켜
괴로움의 윤회에 빠짐을 경계함이라

2-60
마치 마음 약한 사람이 밤길을 갈 적에
하얀 그림자를 보고 귀신이라 착각하여
공포심에 놀라서 무서움에 떨 적에
길을 잘 아는 이가 그 그림자가 헛것임을 말함과 같다

2-61
'나'가 고정되어 있다고 집착하고 고집함은
어린아이 꿈속에서 좋아하여 놀던 일을
잠에서 깨어나서 집착함과 같음이라
어른은 허망함을 알기에 집착함이 없다

2-62
이와 같이 '나'가 있다 함에 빠진 자를
그것으로 인한 집착에서 고통받는 것으로부터
벗어나게 하기 위하여
고정되어 실재하는 '나'가 없음을 말하는 것이다

2-63
그리고 '나'가 없다 함에 빠진 자에게는
'나'가 없음에 의한 치우침을 경계하여
원인과 결과가 반드시 있음을 말하여
치우침에서 벗어나게 하기 위함이다

2-64
초와 성냥은 공기에 의하여 불이 탄다
그러나 초와 성냥이나 공기와 불의 그 어디에도
따로이 주체자가 없이 단지 갖가지의 화합에 의하여
흘러가며 타고 있을 뿐이다

2-65
지혜로운 이는 '나'가 있음과 없음에 빠지거나
고집하여 집착하지 말고
모든 것의 실다운 모습을 바로이 보고
그 어느 것에도 걸림이 없을 뿐이다

2-66
보리의 행을 실천하는 보리행자는
그 어느 것에도 고정된 '나'가 없음을 바르게 알고
그리고 인연과 결과는 반드시 나타남을 바르게 알아
괴로움의 윤회에서 벗어나야 한다

2-67
보리의 행을 실천하는 보리행자는
이와 같은 행을 바르게 관찰하고 사유하여 실천하여서
스스로도 괴로움의 윤회에서 벗어나고
다른 이도 괴로움의 윤회에서 벗어나게 함이라

2-68
보리의 행을 실천하는 보리행자여
있다고 하는 것은 바다에 표류하는 뗏목과 같은 것이니
뗏목에서 벗어나 나오기를 간절히 원하듯이
있다고 하는 것에서 벗어나 나와야 한다

세 번째 장

모든 행은
항상한 것이 없다

모든 행에는 항상한 것이 있지 아니하다
물질적인 형상들도 변하여 가고
의식들의 행위들도 변하여 간다
모든 행하는 것들이 항상함이 없음을 아는 장이다

3-1
어떤 이들의 행위는 자신의 모습을
재물의 많고 적음에 두기도 하고
명예의 높고 낮음에 두기도 하고
권력의 크고 작음에 두기도 한다

3-2
재물이 많으면 자신이 부자인 것처럼
과시하고 자랑하여 보이려고 한다
재물이 적으면 자신이 가난하다 여겨서
빈천한 행위를 하고 스스로 빈곤하게 산다

3-3
명예가 높으면 자신이 높아진 것처럼
우쭐하고 나서면서 잘난 것처럼 행동한다
명예가 낮으면 천하다고 스스로 여겨서
비굴한 행위를 하고 스스로 빈천하게 산다

3-4
권력이 강하면 자신이 강한 것처럼
거만하고 아만심이 높은 행위들을 한다
권력이 약해지면 자신이 약한 것처럼
아부하고 굽신거리는 행위들을 한다

3-5
재물은 봄날에 녹는 눈과 같고
명예는 바람이 불면 떨어지는 꽃잎과 같고
권력은 서리가 내리면 사그라지는 갈대와 같은 것
이것들의 실체가 이와 같음을 깊이 관찰하여야 한다

3-6
재물과 명예와 권력의 실체를 보면
흐르는 강물처럼 흘러가는 것으로서
어떠한 고정된 실체가 있지 아니하여
항상함이 있지 않음을 알아야 한다

3-7
재물은 잘 익어 맛있는 과일과 같고
명예는 활짝 피고 화려한 꽃과 같고
권력은 날카로운 칼날과 같아서
순간순간 보이지는 않지만 썩고 시들고 녹슬어 간다

3-8
자신의 것이라고 하는 재물들을 살펴보아라
그것들이 언제부터 자신의 것이었고
그것들이 언제까지 자신의 것일 것인가?
시간의 물결 속에 흩어지고 사라져 감을 알 것이다

3-9
자신의 것이라고 하는 명예를 살펴보아라
그것이 언제부터 자신의 것이었고
그것이 언제까지 자신의 것일 것인가?
시간의 흐름 속에 화병의 꽃처럼 시들어 감을 알 것이라

3-10
자신의 것이라고 하는 권력을 살펴보아라
그것이 언제부터 자신의 것이었고
그것이 언제까지 자신의 것일 것인가?
시간의 꿈결 속에 녹스는 칼처럼 되어 감을 알 것이라

3-11
재물과 권력과 명예는 왕의 자리와 같음이라
왕의 옷처럼 재물은 사람들을 도둑으로 만들고
왕의 왕관처럼 명예는 사람들을 탐욕하게 만들고
왕의 용상처럼 권력은 사람들을 욕망하게 만든다

3-12
화려하게 앉아 있는 왕은
편히 쉬거나 잠을 이루지 못한다
하지만 남루한 옷 비루한 재물 하찮은 자리의 사람은
편히 쉬거나 잠을 이룬다

3-13
재물은 남이 엿보지 않을 만큼
명예는 남이 부러워하지 않을 만큼
권력은 남이 탐하고 싶지 않을 만큼
자신에게 알맞게 갖는 것이 바른 것이다

3-14
불이 타고 있는 집에서 나오려 할 적에
옷이 크고 많이 입은 자는 벗어나기 힘듦이라
삼계가 불타고 있는 집이라
재물이 많으면 벗어나기가 어려움이라

3-15
불이 타고 있는 집에서 나오려 할 적에
장식이 많은 모자를 쓴 자는 벗어나기 힘듦이라
삼계가 불타고 있는 집이라
명예가 높으면 벗어나기가 어려움이라

3-16
불이 타고 있는 집에서 나오려 할 적에
칼이 길어 땅에 끌리면 벗어나기 힘듦이라
삼계가 불타고 있는 집이라
권력이 높으면 벗어나기가 어려움이라

3-17
재물과 명예와 권력의 손짓에
가까이하거나 함부로 친구 삼지 마라
올 적에는 웃으며 다정하게 오지만
갈 적에는 깊은 상처를 남기고 가버린다

3-18
재물과 명예와 권력의 것들을
길동무로 함께하지 않는 것이 좋다
잠시라도 방심하면 그리고 지켜주지 아니 하면
조금의 감사함도 없이 떠나가 버리고 만다

3-19
재물과 명예와 권력의 것들을
쳐다보거나 부르지도 말아야 한다
눈을 흐리게 하거나 앞을 보이지 않게 하고
입을 더럽히고 의식을 혼란스럽게 한다

3-20
재물과 명예와 권력들로
울타리를 만들지 마라
잘못하면 이것들에 가두어지거나
이것들에 의한 노예가 될 것이다

3-21
재물과 명예와 권력들은
그것들이 적을 때는 사람에게 숙이지만
그것들이 많아지면 사람을 노예로 삼는다
이러므로 이것들의 본 실체를 알아야 한다

3-22
재물과 명예와 권력은
아침 안개처럼 왔다가 아침 안개처럼 가 버린다
그것들은 허깨비와 같고 꿈속의 일과 같음이라
항상함이 없음으로 집착함에서 벗어남이라

3-23
보리의 행을 실천하는 보리행자는
재물과 명예와 권력이 이와 같음을 알고
이것들로부터 벗어나서 걸림이 없고
다른 이들도 벗어나게 하여 걸림이 없게 함이라

3-24
물질로 된 육체가 항상하다고 고집하고 집착한다
그리하여 육체의 모습에 모든 것을 다하여
보다 더 아름답고 보다 더 화려하게 가꾼다
이 육체의 본 실체를 살펴보고 알아야 한다

3-25
삶의 대부분의 시간들을 육체를 가꾸는데 매달려
씻어 주고 가꾸어 주고 채워 주고 하는 등
육체를 위한다 하면서 오히려 육체를 힘들게 하며
갖은 고생스러운 일을 마다하지 않고 한다

3-26
사물을 보는 눈이 항상한가
소리를 듣는 귀가 항상한가
냄새를 맡는 코가 항상한가
맛을 느끼는 입이 항상한가

3-27
느낌을 지각하는 몸이 항상한가
이 흙과 물 불과 바람의 기운으로
일시적 인연에 의하여 화합된
물질로 이루어진 조합들을 관찰하여 보아라

3-28
눈이 색깔들을 인식함이 한결같은가
눈에 병이 나면 눈꽃이 일어난다
그 눈에서 춤추는 눈꽃들이 허망함을 알 것이다
이에 눈도 항상하지 않음을 알 것이다

3-29
귀가 소리를 인식함이 한결같은가
귀에 병이 나면 헛된 소리가 들린다
그 소리가 허망하게 들림을 알 것이다
이에 귀도 항상하지 않음을 알 것이다

3-30
코가 냄새를 인식함이 한결같은가
코에 병이 나면 향기를 맡을 수 없다
어떠한 냄새인지 알 수가 없을 것이다
이에 코도 항상하지 않음을 알 것이다

3-31
혀가 맛을 인식함이 한결같은가
혀에 병이 나면 맛을 느낄 수가 없다
그 맛의 느낌이 무엇인지 알 수가 없다
이에 혀도 항상하지 않음을 알 것이다

3-32
몸이 감각을 느끼는 것이 한결같은가
몸에 병이 나면 감각의 느낌을 분간하기 어렵다
이에 몸의 느낌들이 얼마나 허망한지 알 것이다
그러므로 몸도 항상하지 않음을 알 것이다

3-33
눈에서는 눈물이 귀에서는 귀지가
코에서는 콧물이 입에서는 침이
피부에서는 땀과 분비물들이
쉴새 없이 밀려나오는 것을 보아라

3-34
흙과 물 불과 바람들의 기운으로 이루어진
육체의 물질들은 사막의 모래언덕처럼
시간의 바람 속에 여기저기 모였다가
또 다시 여기저기로 흩어져 감을 알아라

3-35
나무가 흙과 물 공기와 햇볕 등의
모임들이 모여서 자라고 커져 가다가
다시 잎과 껍질과 줄기가 떨어지고
어느 순간 쓰러져 가듯이 이 육체도 그와 같음이라

3-36
아침 안개가 물과 대지와 태양의
조합으로 모였다가 흩어져 가듯이
육체도 갖가지의 인연들이 모였다가
인연이 다하면 흩어져 감을 알아야 한다

3-37
하나로 있는 것처럼 보이지만
배추의 잎이 하나하나 따로이 모여 있고
양파의 껍질이 하나하나 쌓인 것처럼
육체 하나하나 따로이 모여 있음이라

3-38
자전거를 구르면 앞으로 나아간다
그것을 보고 자전거가 나아간다고 인식한다
하지만 한 부분 한 부분 각기 모인 화합일 뿐
어느 곳에도 따로이 자전거라고 할 만한 것은 없다

3-39
육체도 움직여 갖가지의 행위들을 한다
그러면 사람이 일을 한다고 한다
하지만 눈, 귀, 코, 혀, 몸 등의 화합일 뿐
육체 어디에도 따로이 사람이라고 할 만한 것은 없다

3-40
이와 같이 육체의 실체를 자세히 관찰하고
머리와 피부 등이 수시로 빠져나가고
다시 음식물 등이 들어와 채우고 하는 등
물질이 모이고 흩어지는 흐름의 연속임을 알아라

3-41
이와 같이 육체가 변하여 감을 알고
육체에 대한 집착하는 행위를 하지 않으면
집착과 욕망의 굴레에서 벗어나
육체로 인한 괴로움의 고통에서 벗어날 것이라

3-42
과거에도 쉼 없이 변하여 왔으며
순간순간 지금도 변하여 가고 있으며
미래에도 변하여 감을 안다면
육체에 의한 미련을 갖지 않을 것이다

3-43
어제의 모습과 오늘의 모습은 다르고
오늘의 모습이 내일의 모습과 다름을 안다면
늙어 감에 슬퍼하거나 무엇을 한다 함을 여의어
육체로부터의 얽매임에서 벗어날 것이다

3-44
하늘의 구름이 상대하여
천둥과 번개를 일으켜 사람들을 놀라게 하지만
순간 왔다가 순간 사라지고 마는 것이라
느낌도 이와 같이 상대하여 자극이 일어나고 사라진다

3-45
물결이 바람과 상대하여 밀려오고 가면서
파도를 일으키지만
그 어디에도 멈추어 있음이 없이 오고 감이라
생각도 이와 같이 밀려오고 감이라

3-46
바람이 불어오고 불어 가듯이
하면서 갖가지의 일을 만들듯
움직이고 또 움직임의 연속이다
행위도 이와 같이 쉼 없이 움직임의 흐름 뿐이다

3-47
거친 파도에 떠다니며
이리 일어나고 저리 사라지는 거품처럼
오고 가고 또 일어나고 멸하여 가는 것 뿐이라
의식도 이와 같이 멈춤이 없이 흘러가고 흘러가는 것이라

3-48
지난 시간 동안에 무엇을 하였다고 한다
그것들이 지금 어찌 되었는가?
지금 순간 무엇을 한다고 힘을 쓴다
과연 그와 같은 것들이 언제까지 남아 있을 것인가

3-49

아침에 찬란히 뜬다는 태양을 보아라
시간이라는 수레를 타고 어둠에게 비워준다
천하의 주인이던 태양도 이와 같이 스러져 간다
이와 같은 흐름만 보아도 모든 것이 항상하지 않음을 본다

3-50

마당가에 핀 아름답다는 꽃들도
사실로 들어가 보면 갖은 고난 끝에 핀 꽃이라
그와 같은 것들도 시간이 지나면 흩어져 간다
모든 것이 이와 같이 변화함을 알아야 한다

3-51

자신의 육체 자신의 생각 자신의 지식 등
그냥 단지 자신의 것이라고 단정하지 말고
이것들이 변하여 흘러감을 보아야 한다
모든 있다고 하는 것들이 항상함이 없음을 알아야 한다

3-52

모든 것은 쉼 없이 변하여 가고 있다
지금 인식하는 순간 변하여 흘러가 버렸다
지금 있다 하는 순간 지나가 흘러가 버렸다
그러므로 그 어느 것도 있어서 잡을 수가 없음이라

3-53
모든 것이 변하여 흘러간다 하는 것은
있음과 항상함의 집착함에서 벗어나게 하기 위함이라
항상하지 않은 것들에 집착하고 욕망을 일으켜서
분노와 탐욕 어리석음 일으킴을 경계함이라

3-54
하지만 모든 것이 항상하지 않는다 하여
그 어떠한 행위도 할 필요가 없다고
하지 않는다면 참으로 어리석은 일이다
마치 추위에 식을 것을 염려하여 불을 피우지 않음과 같다

3-55
항상하지 않는다 하여 아무것도 할 것이 없음이
참으로 아님을 잘 알아야 함이라
변화하고 흘러감이 있으므로 모든 것들을
새로운 것으로 이루어 나갈 수 있는 것이다

3-56
하늘의 태양이 우리에게 필요한 것은
낮이 있고 봄 여름 가을 겨울의 흐름이 있기 때문이다
만약에 항상 뜨거우면 아무것도 살 수가 없을 것이다
이와 같이 변화함의 흐름이 있으므로 사용할 수가 있다

3-57
음식이 맛이 있다고 하는 것은
소화가 되어 배설되기 때문이다
음악이 듣기 아름다운 것은
소리가 움직여 변화하여 울리기 때문이다

3-58
우리의 육체가 변화하여 흐르지 않고 멈추어 버리면
죽었다고 하고 썩어 갈 것이다
움직임이 살아 있다고 하기 때문에
원하는 것을 할 수가 있는 것이다

3-59
하루살이는 하루를 전부라 하고 살아가고
한해살이는 한 해를 전부라 하고 살아가고
범부들은 과거 현재 미래를 집착하며 살아가고
지혜로운 이는 그 어느 곳에도 걸림 없이 살아간다

3-60
이와 같이 항상함이 없음을 알게 하여
있음과 없음의 경계에 빠짐을 막아
헛된 욕망에서 벗어나서
괴로움의 윤회에서 벗어나게 함이라

3-61
아무리 좋은 씨앗도 썩지 않으면 쓸모가 없고
아무리 좋은 싹도 잎이 피지 않으면 쓸모가 없고
아무리 잎이 무성하여도 꽃이 피지 않으면 쓸모가 없고
아무리 꽃이 화려해도 열매를 맺지 않으면 쓸모가 없다

3-62
열매가 있으니 꽃이 아름답게 보이고
꽃이 아름다우니 잎이 좋게 보이고
잎이 좋게 보이니 싹이 사랑스럽다
싹이 사랑스러우니 씨앗이 소중하다

3-63
씨앗과 싹과 잎과 꽃 열매 모두가
하나도 자기를 고집함이 없이 흘러가면서 작용하니
모든 것이 원하는 대로 이루어지는 것이다
이와 같은 흐름이니 그 흘러감을 잘 알아야 한다

3-64
어리석은 이들의 행위는
지금 일도 모르면서 다음 일을 걱정하고
다음 일도 모르면서 죽은 후의 일을 걱정한다
지금 순간의 모든 행이 항상함이 없음을 앎이 중요하다

3-65
어리석은 이들의 행위는
자기 일도 모르면서 주위의 일을 걱정하고
주위의 일도 모르면서 온 세상 일을 걱정한다
모든 행이 항상함이 없음을 아는 것이 중요하다

3-66
어리석은 이들의 행위는
번개의 기둥을 잡아 집을 지으려 하고
안개의 무더기를 잡아서 산을 만들려는 것처럼
항상하지 않은 일에 수고로움만 일으킨다

3-67
어리석은 이들의 행위는
지나가는 구름 아래의 그늘 자리를 탐을 내고
비 개인 하늘의 무지개를 잡으려 욕심을 내고
어두움으로 울타리를 만들려고 하는 것과 같다

3-68
항상한 있음에서 가지려는 시비와 다툼이 있고
항상한 있음에서 버림과 취함의 번뇌가 일고
항상한 있음에서 욕망의 괴로움이 일어나고
항상한 있음에서 윤회의 고통이 일어남이라

3-69
항상한 있음이 사라지면 시비와 다툼이 사라지고
항상한 있음이 사라지면 버림과 취함이 사라지고
항상한 있음이 사라지면 욕망의 괴로움이 사라지고
항상한 있음이 사라지면 윤회의 고통이 사라진다

3-70
이와 같이 보리의 행을 실천하는 이는
있다 함으로 모든 것이 일어나고
있다 함으로 모든 괴로움이 일어남을 알고
잘 사유하여 있다 함의 집착에서 벗어나야 한다

3-71
항상 있다 함의 집착함에서 벗어나면
일어남과 사라짐이 없고
그로 인한 고통과 괴로움이 소멸된다
이와 같음을 깊이 관찰하고 사유하여 앎이라

3-72
모든 일어난 행은 변화하고 흘러간다
모든 있다 하는 것은 어떠한 고정된 것이 없다
그 어느 것도 항상한 것이란 있지 아니하다
그러므로 모든 일어나는 행은 항상한 것이 없다

3-73
보리의 행을 실천하는 보리행자는
모든 일어나는 행이 항상함이 없음을 알아서
스스로도 항상함의 괴로움에서 벗어나고
다른 이도 항상함의 괴로움에서 벗어나게 함이라

3-74
보리의 행을 실천하는 보리행자여
항상하다 하는 것은 사실 진흙의 수렁과 같은 것이러니
진흙 수렁에 빠져서 헤매일 적에 벗어나기를 힘을 다하듯이
항상하다는 허망된 것들에서 속히 벗어나기를
다하여야 한다

네 번째 장

청정함으로 들어가는 길

청정함으로 가기 위하여서는 계율이 있어야 한다
청정함으로 가는 계율은 바다를 건너는 배와 같고
어두운 밤길의 횃불과 같다
계율이 이와 같음을 아는 장이다

4-1
두 사람이 고향을 떠나 타향에서
오랜 시간을 힘들고 고통스럽게 살아왔다
어느 날 두 사람이 각자 생각하여 보니
고향에 대대로 물려온 땅이 떠올랐다

4-2
그리하여 고향에 돌아와 보니
밭에는 온갖 잡초와 돌들이 쌓여서
본래 옥토였던 땅이 척박하기
이를 데 없는 땅이 되어 버려 있었다

4-3
어리석고 성질이 급한 자는
씨앗만 밭에다가 마구 뿌렸다
그러나 씨앗은 마르거나 썩어 버려서
하나의 수확도 결코 얻을 수가 없었다

4-4
그러나 지혜로운 이는 밭을 관찰하고 살펴보아
먼저 잡초를 차례로 뽑아내고 돌 등을 골라내고
거름과 좋은 흙을 뿌리고 땅을 고르게 한 후에
씨앗을 알맞게 뿌리니 많은 수확을 얻을 수 있었다

4-5
가히 시작도 끝도 없는 긴 시간 동안을
저들이 밭을 방치한 것과 같이 스스로도 방치하여
알게 모르게 지은 습들이 얼마나 많은가?
이 습을 벗어나기 위하여는 청정함이 있어야 함이라

4-6
생명을 해한 것이 항하의 모래알보다도 많고
훔치고 빼앗은 것이 수미산보다도 크고
음욕을 행한 행위가 사해보다도 깊고
거짓말한 것이 영겁의 햇볕알보다도 많음이라

4-7
이와 같은 두껍고 무거운 짐들을 외면하고 무시하고
단박에 괴로움의 윤회에서 벗어나려 한다면
마치 저 어리석은 자가 척박한 땅에
아무런 노력도 없이 단지 씨앗만 뿌림과 같음이라

4-8
지혜로운 이가 풀을 제거하고 자갈을 골라내듯
거름을 내고 좋은 흙을 뿌려서 옥토로 만들듯
청정한 몸과 마음을 만들어
보리의 씨앗을 뿌려야 함이다

4-9
보리의 행을 실천하는 보리행자는
먼저 지나온 세월의 지은 습의 무더기들을 제거하고
모든 것에 자비한 행을 일으키고
널리 복과 덕을 쌓아야 한다

4-10
그리고 더 이상 죄의 습을 짓지 않으려
힘쓰고 노력하여 자신이 이미 지은 죄의 습 무더기들을
닦아 제거하려 노력하고 그것들을 관찰하고 사유하여
자신의 몸과 마음을 청정하게 하여야 함이다

4-11
이제 저 지혜로운 이가
자기 밭의 모든 것들을 깊이 살펴보아서
하나하나 가꾸어 좋은 밭을 만들듯이
몸과 마음을 더럽히는 것들을 살펴보아야 함이다

4-12
그릇에 깨어짐이 없어야 물을 담을 수 있고
그릇이 깨끗하여야 담은 물도 깨끗하다
깨어진 그릇에는 물을 담을 수 없고
더러운 그릇의 물은 먹을 수가 없다

4-13
청정하지 못한 자들의 행위는
깨어진 그릇에 힘써 담는 것처럼
더러워진 그릇에 힘써 담는 것처럼
담을 수도 없고 먹을 수도 없음이라

4-14
자신의 생명이 귀하고 중하면
남의 생명도 귀하고 중함을 알고
자신의 생명을 보호하고 사랑하듯
남의 생명도 보호하고 사랑하여야 함이라

4-15
생명을 해하기 전에 자비한 마음을 내고
나의 생명처럼 가족의 생명처럼 아파하라
자비함이 온전히 충만하면
생명을 해함과 해하지 않음의 근본 자체도 사라진다

4-16
나의 것이 나에게 중요하듯이
남의 것도 그에게는 중요한 것
나의 것을 아끼고 보호하듯이
남의 것도 아끼고 보호하여야 함이라

4-17
남의 것을 탐하는 행위는
스스로가 충족하지 못하다는 것
스스로가 충족하다면
탐하고자 하는 근본이 일어나지 않을 것이다

4-18
남의 것을 탐하고자 함이 있음은
소유하고자 하는 것이 있는 것
참으로 스스로를 위하는 길은
무소유의 만족함에 있음을 알아야 한다

4-19
음욕은 근본이 없이 일어나고
음욕은 실체가 없이 치성하고
음욕은 시작도 끝도 알 수가 없으며
음욕은 모든 것을 삼켜 버린다

4-20
음욕이 일어날 때는 일어남을 보고
음욕이 움직일 적에는 실체 있음을 보고
일어남이 보이면 일어남을 제거하고
있음처럼 보이면 있음을 죽여라

4-21
음욕이 일어나면 그 머리를 보고
음욕이 움직이면 그 몸을 보아라
머리가 보이면 뱀의 머리를 누르듯이
움직임이 보이면 소의 코뚜레를 잡듯이 하라

4-22
음욕은 시작도 끝도 없지만
음욕은 모양도 실체도 없지만
그 일어남의 행위가 큰 불과 같아서
일어나는 대로 놓아두면 모든 것을 태워 버린다

4-23
음욕은 따라가면 불같이 일어나고
음욕은 바라보면 연기처럼 흩어진다
이와 같이 음욕은 그 어디에도 실체가 없는
꿈속의 꽃과 같음을 알아야 한다

4-24
남을 속이려는 행위의 말들은
먼저 자신에게 불안을 가져다 주고
남에게 진실하지 못한 말들은
자신에게 먼저 거짓말을 가져다 준다

4-25
남을 속였다고 기뻐하지 마라
하늘 위로 쏘아 올린 화살이
얼마 지나지 아니하여 자신에게 떨어지듯이
자신에게 오히려 상처로 돌아온다

4-26
이쪽에 저쪽 말을 옮기고
저쪽에 이쪽 말을 옮기지 마라
이쪽과 저쪽 모두에게
공격당하여 상처를 입는다

4-27
꾸미는 말로 현혹하지 마라
남을 함정에 빠뜨리면
자신은 더 깊은 함정에 언제인가는 빠진다
그러므로 있는 그대로가 아름다운 것이다

4-28
남에게 상처 주는 말을 하지 마라
바람 부는데 먼지를 뿌리면
먼지가 오히려 자신의 눈에 들어오듯이
자신에게는 더 큰 상처로 돌아온다

4-29
속이는 행위로 대접 받으려 하면
마치 속이 썩은 의자에 앉아서 음식을 먹으면
몸이 무거워져서 의자가 부러지듯
대접 받은 만큼의 크기로 고통을 당하리라

4-30
술과 같은 것에 의지하여 상황을 해결하려 하지 마라
마치 검은 안경을 쓰고 길을 걸으면
앞이 보이지 아니하여 넘어져서
상처를 입는 것과 같이 눈을 흐리게 함이라

4-31
술은 마른 화약과 같은 것이다
화약이 불을 만나면 자신도 태우고 세상을 태우듯
술도 사람을 만나면 자제함이 없어져서
자신도 파괴하고 세상도 파괴시킨다

4-32
술은 자비심을 태워 살생을 낳고
술은 욕망을 일으켜 도둑질을 낳고
술은 항상함이 없음을 잊게 하여 음욕을 낳고
술은 의식을 흐리게 하여 거짓을 일으킨다

4-33
보리행자는 보리심으로 단단한 그릇을 만들고
무소유로 그릇을 청정히 하고
텅 빔의 항상함이 없음으로 채우고
진실함의 자비행을 실천하여야 함이라

4-34
보리의 행자가 지녀야 할 그릇은
보리심으로 만든 자비의 그릇이요
항상함이 없음으로 이루어진 무소유의 그릇이다
이와 같은 실천행의 그릇을 가져야 함이라

4-35
보리행자가 채워야 할 그릇의 음식은
항상함이 없음을 아는 텅 빔의 음식이요
'나'가 없음을 아는 무소유의 음식이다
이와 같은 실천행의 음식이어야 한다

4-36
보리행자가 가장 경계하여야 할 일은
알지 못하면서 아는 체하고
깨달음을 얻지 못하였으면서 얻은 척하고
수행하지 않으면서 수행자인 척하는 것이다

4-37
보리행자가 하지 말아야 할 행위는
밖으로는 분주하게 돌아다니고
밖으로는 세상 모든 잡사들을 해결하면서
자기를 돌아보는 일에는 게으른 행위들이다

4-38
보리행자가 하여서는 아니되는 행위는
보리심이 없으면서 있는 척하는 행위
자비심이 없으면서 있는 척하는 행위
이로 인해 대접 받으면 그 과보는 한이 없음이니라

4-39
보리행자가 가져야 할 행위는
밖의 세상 잡사는 쳐다보지도 말고
밖의 세상 잡사는 더러운 오물 보듯이 하고
자기를 보는 것은 늙은이가 바느질하듯이 하라

4-40
어리석은 이들이 하는 행위들은
무상한 것들을 얻음에 자랑하고 기뻐하고
무상한 것들을 얻음에는 아만심을 내지만
자신을 보고 청정히 함에는 허투루 한다

4-41
어리석은 이들의 하는 행위들은
단지 나이 먹고 출가 먼저 하였다 하여
윗사람 노릇하는 것은 청정한 척 속은 시비분별하고
남의 허물은 드러내고 자신의 허물은 감추는 행위이다

4-42
자비심이 없으면 수행하는 이가 아니요
무소유가 아니면 수행하는 이가 아니요
보리의 행이 없으면 수행하는 이가 아니요
자신을 돌아보아 살핌이 없으면 수행자가 아니다

4-43
단지 출가한지 오래되었다 하여
함부로 높은 자리에 올라 앉아 헛소리로 지껄이면
금생에는 강산 한 번 변하는 동안 대접 받지만
그 대가는 설산의 주목보다도 길게 받으리

4-44
황금 의자에 황금 옷을 입고 함부로 말하면
박수 소리 듣는 것은 꽃피고 지는 시간이라
손가락질 멸시 받고 여기저기 쫓겨나도
괴로움 알아 그 소멸 자리 오르는 것 최상이라

4-45
겉으로 청정한 척하지 마라
세상은 다 속여도 자신은 속이지 못한다
설령 자신도 속여도 그 과보는 속이지 못한다
이를 알아 참으로 청정함이 되어야 한다

4-46
계율을 지키는 근본은 청정함으로 들기 위함이다
청정함의 근본은 괴로움의 소멸이다
괴로움 소멸의 근본은 윤회의 고통에서 벗어남이다
따라서 계율은 윤회에서 벗어나는 길이다

4-47
윤회란 무엇인가?
물질로 이루어진 육체는 변하여 흘러간다
인식한 의식들도 순간순간 흘러가는 흐름이라
그 가운데 습과 습의 무더기라는 것이 작용한다

4-48
이 습과 습의 무더기가 나인 것처럼
주인 노릇을 하고 나라고 하는 고집을 피우고
욕망의 괴로움을 만들어 내는 것이다
바로 이 습, 습의 무더기가 윤회를 하는 것이다

4-49
이 습과 습의 무더기 또한 항상함이 없으면서
항상한 것처럼 착각을 일으킨다
이 습과 습의 무더기를 끊는 것이 윤회를 끝내는 길이다
이와 같은 도구가 바로 청정함에 들어가는 계율인 것이다

4-50
어떤 사람이 담배를 피운다
세월이 흐르면 사람의 육체는 늙어 가서 변하고
인식한 의식들도 모두 달라져 변하였다
그 중에 담배 피우는 습관의 행위는 계속한다

4-51
이와 같이 담배 피우는 사람이
한 번 또 한 번은 각각의 습이지만
오랜 시간 피우면 습의 무더기가 된다
이 사람이 담배를 끊으면 담배의 습의 윤회를 끊음이다

4-52
그러므로 산란한 것은 고요하게
거치른 것은 부드럽게
항상하지 않은 집착에서 텅 비어 있음으로
습과 습의 무더기를 바꾸어 나아가는 것이다

4-53
마치 오른손으로 익숙하게 하던 행위들을
왼손으로 익혀 나아가면 언제인가는
오른손보다 왼손에 더욱더 익숙하게 된다
계율의 지킴도 이와 같은 작용을 함이라

4-54
살생하는 습관에서 방생하는 습관으로
훔치고 빼앗는 습관에서 베풀고 나누어 줌으로
음욕의 욕망에서 연민하는 습관으로
속이는 말함에서 진실한 말의 행으로

4-55
악하고 거치른 말에서 선하고 부드러운 말로
험담하고 헐뜯는 말에서 찬탄하고 칭찬함으로
허망되고 헛된 말에서 진실되고 참된 말로
이와 같이 바꾸어 나아감이 청정함으로 가는 길이다

4-56
숙련되지 않은 뱃사공은 물살에 쓸려 다니지만
숙련된 뱃사공은 물살을 이용한다.
이와 같이 어리석은 자는 습과 습의 무더기에 끌려다니지만
지혜로운 이는 습과 습의 무더기에서 벗어남이라

4-57
이와 같이 외부의 인연들의 끌림과
내부의 헐떡임으로부터 얽매임이 사라지면
온전히 자연스럽게 본래 청정한 것이 나타나
그 어느 곳에도 걸림이 없는 대 자유를 얻는다

4-58
보리의 행을 실천하는 보리행자는
괴로움의 윤회에서 벗어나는 길은
항상하지 않는 것들에서 벗어나는 지킴이 있는
청정함이 근본임을 살펴보아 알아야 한다

4-59
어리석은 농부는 농기구가 조금만이라도
고장이 나도 부수어 버리지만
지혜로운 농부는 농기구가 고장이 나면
고치고 수리하여 다시 사용한다

4-60
이와 같이 어리석은 이는
계율을 어기면 실의에 빠지고 포기하지만
지혜로운 수행자는 어쩌다 계율을 어기면
참회하고 발심하여 더 크게 수행한다

4-61

식탐을 이기지 못하고 몸에 살이 찐 자가 수행하려는 것은
살찐 돼지가 하늘을 보려 하나 볼 수가 없음과 같음이라
이런 자는 수행을 한다거나 수행자라 하지 않는다
그러므로 수행하려는 이는 식탐부터 이겨야 한다

4-62

음욕의 행을 이기지 못하고 수행하려는 자는
불나방이 불을 보고 피하여 가지 못함과 같음이라
이런 자는 수행을 한다거나 수행자라 하지 않는다
그러므로 수행하려는 이는 음욕부터 이겨야 한다

4-63

술을 마시면서 수행하려 하는 자는
어두운 밤길을 걸어가는 것과 같음이라
이런 자는 수행을 한다거나 수행자라 하지 않는다
그러므로 수행하려는 이는 술부터 끊어야 한다

4-64

세상 잡사에 분다하면서 수행하려 하는 자는
이슬 밭에 가면서 이슬이 묻지 않기를 바라는 것과 같다
이런 자는 수행을 한다거나 수행자라 하지 않는다
그러므로 수행하려는 이는 세상 잡사부터 끊어야 한다

4-65
어리석은 이의 행위는 남의 몸에
조그만 티끌이 묻어도 흉을 보거나 질타하지만
자신의 온몸에 묻은 더러운 오물은
합리화하고 변명하고 좋게 이야기한다

4-66
지혜로운 보리행자는 남의 몸에
아무리 많은 오물이 묻어도 자비심으로 감싸고
자신의 몸에는 티끌이 묻어도
불이 붙은 듯이 털어 버리려 힘을 다하여야 한다

4-67
보리의 행을 실천하는 보리행자는
남의 몸에 오물이 묻었다고
멀리하거나 질타하지 마라
자비심을 일으켜 함께 닦아 주어야 한다

4-68
보리의 행을 실천하는 보리행자는
자신의 청정함 지키기는 살얼음판 걷듯이 하고
남의 청정함 지키기는 어린아이 화로 옆에 있듯이
자신에게는 무섭게 다른 이에게는 연민하여야 한다

4-69
보리의 행을 실천하는 이는 아침 이슬 한 방울 만큼
계율을 어겨도 바다와 같이 눈물을 흘리고
다른 이가 태산처럼 계율을 어겨도
아침 햇살처럼 감싸 주어야 한다

4-70
보리의 행을 실천하는 이는
계율이 청정함에 들어가는 길이요
계율이 고요함에 들어가는 길이요
계율이 삼매에 들어가는 길임을 알아야 한다

4-71
보리의 행을 실천하는 보리행자는
계율이 이와 같음을 잘 알아서
스스로 청정하여 괴로움의 고통에서 벗어남이요
다른 이도 청정하게 하여 괴로움에서 벗어나게 함이다

4-72
보리의 행을 실천하는 보리행자여
더러운 진창에 빠졌을 적에 속히 벗어나고
다시는 진창에 빠지지 아니하기를 조심하듯이
지금껏 익힌 더러운 습에서 속히 벗어나고
다시 빠지지 말아야 한다

다섯 번째 장

고요함으로 들어가는 길

고요함으로 들어가는 선정이다
고요함은 씨앗을 자라게 하는 대지와 같고
나무를 자라게 하는 뿌리와 같다
선정이 이와 같음을 아는 장이다

5-1
그 어느 것도 홀로 존재하는 것은 있지 아니하다
홀로 있다고 하는 것은 스스로의 그릇된 착각일 뿐
모든 것은 그물의 망처럼 유기적 관계로
함께 공존하며 흘러가고 있는 것이다

5-2
나무는 대지와 허공과 태양이
있으므로 존재하여 살아가고 있는 것이다
대지나 허공이나 태양 등 그 어느 하나만이라도
없다면 존재하여 살아갈 수 없는 것이다

5-3
이와 같이 하나는 여럿으로 인하여 있고
여럿은 하나로 인하여 있는 것이다
하나가 사라지면 여럿도 사라지고
여럿이 사라지면 하나도 있을 수가 없다

5-4
집의 기둥이나 주춧돌 지붕 등
한 가지만이라도 없으면 모두 있을 수 없다
그러므로 이것이 있어 저것이 있음이고
저것이 있어 이것이 있음으로 있는 것이다

5-5
그리고 이것이 사라지면 저것 또한 사라지고
저것이 사라지면 이것 또한 사라짐이다
이와 같이 모든 것은 강과 강물처럼
서로 함께하며 흘러가고 있는 것이다

5-6
쓰레기로 되어 버리는 수박의 껍질이 없다면
수박의 알맹이도 있을 수가 없다
이와 같이 필요 없다고 하는 것이 있으므로
필요하다고 하는 것이 있을 수가 있는 것이다

5-7
필요 없다고 하는 것 필요 있다고 하는 것
모두다 서로 상대하여 일어난 것일 뿐이다
이 두 가지가 상대하여 서로서로 이것과 저것으로
나눔에서 상대적이지 아니하여야 한다

5-8
필요 없다고 하는 것이 사라지면
필요하다고 하는 것 또한 있을 수 없나니
필요하다고 하는 것이 필요하다면
필요 없다고 하는 것을 필요 없음으로 하지 않아야 한다

5-9
바르다고 하는 것이나 그르다고 하는 것이나
모두 상대함에서 일어난 것에 불과하다
상대에서의 보는 모습은 정반대의 모습이니
서로 각기 존재한다는 있음에서 나온 것에 불과한 것이다

5-10
어리석은 이들은 항상 선과 악으로 나눈다
선과 악은 지극히 주관적인 것이어서
상대함에서 보면 항상 반대편에서 악이 된다
그러므로 오직 상대함의 관념에서 벗어나야 한다

5-11
아무리 옳다고 하는 주장들도
아무리 그르다고 하는 주장들도
'나'가 있다고 하는 그릇된 편견에서 오는 것
'나'가 없다면 옳고 그름의 상대함도 사라진다

5-12
이와 같이 그 어느 것에도
필요하다고 하는 것 필요 없다고 하는 것
상대함에서 오는 것일 뿐임을 알아서
상대함으로 인한 나눔의 벽을 없애야 한다

5-13
필요하다고 하는 것과 필요 없다고 하는 것의
나누의 분별하는 것에서 벗어나서
그 어디에도 걸림의 장애가 없어야
상대함으로 인한 시비와 다툼에서 벗어날 수 있다

5-14
바람과 상대하여 일어난 파도가 사라져야 배를 탈 수 있고
바람과 바람이 상대하여 일어난 태풍이 사라져야 걸을 수 있다
상대하여 일어난 그릇의 물이 흔들림이 없어야 비출 수 있고
상대하여 일어난 마음의 다툼이 없어야 고요함이다

5-15
그러므로 상대하여 일어남이 없는 고요함은
모든 것의 시작이며 모든 것의 근본 자리이다
고요함은 모든 것의 어머니요 모든 것의 뿌리이다
이와 같음을 알아 고요한 삼매에 들기를 힘써야 한다

5-16
본래 성품은 고요함 자체인데 상대함으로 인하여
일어나고 멸하여 가며 혼돈과 혼란의 파도를 일으킨다
마치 호수는 본래 고요함인데 돌이 던져지면 파도가 일어
물결이 쳐서 높낮이와 세고 약함의 혼란이 일어난다

5-17
'나'가 있다고 함으로 욕망이 일어나고
욕망으로 인하여 탐욕과 분노와 어리석음이 일어나고
탐욕과 분노와 어리석음이 괴로움을 일으킨다
'나'가 있지 아니하면 괴로움도 없음이라

5-18
'나'가 있다 함으로 갖가지의 상대함들이 만들어지고
상대함들이 있어서 시비 분별이 일어난다
'나'가 있지 아니하다 하면 상대함들도 사라지고
상대함이 사라지면 시비와 분별이 없다

5-19
어리석은 이들은 욕망의 파도 위에 서서
고요히 멈추어 쉬기를 바라지만 쉴 수가 없고
탐욕과 분노와 어리석음의 불속에 있으면서
고요하여지기를 바라지만 얻을 수가 없음이라

5-20
고요함은 걸림으로 인한 무명에서 벗어나는 길이요
고요함은 혼란에서 청정함으로 들어가는 길이요
고요함은 모든 행의 근본이요
고요함은 보리행 실천의 가야 할 길이다

5-21
고요함에 들어가야 보리의 행을 실천할 수 있음이라
이에 고요함에 들어가는 길에는 여섯의 길이 있으니
어두운 밤길을 한 걸음 한 걸음 살피어 가듯이
이 여섯의 길을 살피고 실천하여 갈 것이다

5-22
첫 번째는 베풂의 행인 보시의 길
두 번째는 지킴의 행인 계율의 길
세 번째는 참음의 행인 인욕의 길
네 번째는 노력의 행인 정진의 길

5-23
다섯 번째는 머무름의 행인 선정의 길
여섯 번째는 밝음의 행인 지혜의 길이다
이 여섯의 길은 괴로움의 윤회를 끊는 길임을 알고
나그네가 이정표와 지도를 살피어 보듯이 하여야 한다

5-24
각각의 행을 실천하는 근본 목적은
보시행의 근본 목적은 무소유에 들어감이요
계율행의 근본 목적은 청정함에 들어감이요
인욕행의 근본 목적은 참음에 들어감이요

5-25
정진행의 근본 목적은 쉼 없음에 들어감이요
선정행의 근본 목적은 머무름에 들어감이요
지혜행의 근본 목적은 무명에서 벗어남이다
이와 같음을 잘 알고 행하고 실천하여 감이라

5-26
구슬을 꿸 적에 하나하나 빠짐없이 하듯이
바느질을 할 적에 한 땀 한 땀 하여 나가듯이
산을 오를 적에 한 걸음 한 걸음 올라가듯이
하나하나 알고 행하고 실천하여 나아갈 것이라

5-27
먼 길을 떠날 적에 지도를 보고
그 갈 곳을 하나하나 찾아서 보듯이
그 갈 곳에 대하여 자세히 따져 보고 가듯이하여
바르게 갈 수 있기를 바라노라

5-28
거친 강을 건너갈 적에 노를 저어 나아가듯이
차근차근 보고 읽고 생각하고 관찰하고 사유하여
자신의 근기를 바르게 알아서 행하여
보리의 행을 실천함에 조금도 어긋남이 없게 하여야 한다

5-29
첫번째 보시행인 베풂의 행은 보리행 실천의 근본이다
베풂과 나눔이 있지 아니하면
찻잔에 차가 가득하여 새로운 차를 담을 수 없음과 같음이라
그러므로 새로운 것을 담으려 하면 비워야 함이다

5-30
보시의 행인 베풂이 없는 이는
오물이 가득 든 통을 황금 보자기로 쌈과 같아서
아무리 잘 치장하고 감싼다 하여도
언제인가는 더러움이 밖으로 새어 나옴과 같음이라

5-31
보시의 나눔을 실천하는 행에는
물질적인 것을 나누어 줌이요
정신적인 것을 나누어 줌이다
냉수나 걸레처럼 조건 없이 나누어 주어야 한다

5-32
물질적인 외적인 나눔에는
자신에게 있는 것을 나누어 줌이요
자신에게 있지 않는 것을 나누어 줌이다
외아들에게 주듯이 연민의 마음을 가져야 함이다

5-33
물질적인 외적인 나눔에는
재물뿐만 아니라 명예도 나누어 주고
권력의 힘도 나누어 주어야 함이라
이와 같이 모든 가지고 있다 함을 나누어 줌이다

5-34
자신에게 없는 것을 구하여 준다는 것은
아픈 병자가 왔을 적에 자비심이 많은
의사가 다른 곳에서까지도 약을 구하여 주듯이
신명을 다하여 필요한 것을 구하여 줌이라

5-35
정신적인 것을 나누어 줌에는
자신이 알고 있음을 모든 정성을 다하여 알려 주고
자신이 알지 못함이 있을 적에는
알고 있는 이를 연결하여 일러줌이라

5-36
참으로 보시의 나눔의 행을 실천함에 있어서는
나누어 준다는 것 없이 나누어 줌이요
베풀어 준다는 것 없이 베풀어 줌이다
이와 같이 함이 진실한 보시의 행을 실천하는 길이다

5-37
그리고 나누어 줄 수 있다고 하는 것은
가지고 있음이 있다는 것이다
단지 나눔에 빠져서 기쁨과 행복을 추구함은
실은 있음을 주는 있음에 빠진 자이다

5-38
보리행자가 실천하여야 할 진실한 보시의 행은
단지 보시의 나눔이 있음이 아니라
무소유의 충만함 속에 들어감이라
그리하여야 모든 있음의 걸림에서 벗어남이라

5-39
무소유는 아무것도 없음이 아님이요
알맞음 속에 충만함을 아는 것이다
무소유는 갖고 있음과 가지고 있지 않음의 경계를 벗어난
텅 비어 있어 흐르는 흐름대로 쓰는 것이다

5-40
어리석은 이들의 행위는 단지 베풂의 나눔에만
빠져서 아만심을 주인 삼아 즐거이 한다
오히려 베푼다는 생각이 있다는 것 인색함이 있는 것
인색함이 있음을 부끄러워하여야 함이라

5-41
태양의 빛이 차별 없이 한량없이 비추어 주듯이
대지가 온몸으로 감싸안으며 뿌리를 내리게 하듯이
바다가 모든 곳의 물을 한없이 받아 주듯이
이와 같이 함이 참 보시의 나눔의 실천이다

5-42
두 번째 계율 지킴의 행은 보리행의 근본이다
계율의 지킴이 없는 이는 부서진 수레를 끌고
가려 하나 앞으로 나아갈 수 없음이라
그러므로 그 어떠한 일도 할 수가 없음이라

5-43
지킴이 없는 이는 썩은 물과 같음이라
썩은 물로 청소를 하면 오히려
더욱더 더러워짐과 같음이라
그러므로 지킴이 없는 이는 청정함에 들어갈 수가 없다

5-44
계율을 지키는 근본 목적은 청정함에 들기 위함이다
계율을 지킴에 지킴이 없는 지킴이어야 하고
지킨다는 생각조차 일으키지 않아야 한다
지킨다는 생각을 냄은 나는 깨끗하다는 상이다

5-45
청정함이 없는 자는 수고로움만 더하는 자로
부서진 사다리로 지붕을 오르려 하거나
구멍난 배로 바다를 건너려 하거나 하지만
건널 수가 없고 오를 수가 없음과 같음이라

5-46
청정함으로 가기 위한 계율의 지킴에는
몸으로 인한 지킴과 생각으로 인한 지킴 등이 있다
몸으로 인한 지킴은 그릇을 청정히 함과 같고
생각으로 인한 지킴은 담은 음식을 청정히 함과 같다

5-47
몸으로 인한 지킴에는
자신의 몸을 청정히 하는 것과
타인의 몸으로 인한 청정하게 함이 있음이라
더러운 이물질이 묻지 않게 함과 같음이다

5-48
생각으로 인한 지킴에는
자신의 생각에 걸림 없게 함이요
타인의 생각에 걸림이 없게 함이다
걸림이 없어야 참으로 청정하다 말할 수 있다

5-49
지킨다는 생각을 냄은 '나'가 있다는 생각으로
'나'는 청정함이요 '나'는 깨끗하다는 것으로
'나'는 옳고 너는 그르다는 상대함을 세우는 것으로
시비와 분별로 다툼만 일으키게 되는 것이다

5-50
그리고 단지 지킴에만 머무는 이는
그릇만 닦을 뿐 물을 담지 않음과 같아서
그릇을 깨끗이 함은 그릇을 깨끗이 함이 목적이 아니라
물을 담으려 함에 그 본질이 있음을 알아야 한다

5-51
계율의 지킴을 자랑으로 하거나
계율을 지킨다는 생각을 내는 자는
단지 지킨다는 지킴의 얽매임에 빠진 자이다
계율 지킴의 목적은 청정에 있음을 알아야 한다

5-52
어리석은 이들은 단지 지킴에만 목적을 두고
그로 인한 겉모습에만 주인 삼아 대접을 받는다
오히려 지킴이 있다는 것 청정하지 못하다는 것
청정하지 못함을 부끄러워하여야 한다

5-53
세 번째 인욕행인 참음의 행은 보리행의 근본이다
참음이 없는 이는 불을 얻으려 할 적에
나무를 비비다 그만두어 얻지 못함과 같다
그러므로 결코 원하는 것을 얻을 수 없음이다

5-54
인욕의 행인 참음이 없는 이는
샘을 파다 그만두는 것처럼
밭의 잡초를 제거하다 중도에 그만두는 것처럼
항상 산란과 어지러짐만 더할 뿐이다

5-55
인욕의 참음에는
안으로 헐떡임을 참는 것과
밖에서 상대하여 오는 인연들을 참음이다
모두다 있다 함의 걸림으로부터 벗어나기 위함이다

5-56
안으로 헐떡임을 참음에는
육체로부터 일어남을 참음이요
생각으로부터 일어남을 참음이다
'나'가 있음으로부터 벗어나기 위함이다

5-57
외부의 인연들을 상대함에서 참음이란
좋은 경계로부터의 참음이요
나쁜 경계로부터의 참음이다
모든 경계로 인한 끌림에서 벗어나기 위함이다

5-58
참지 못하는 근본 이유는 있다 함에서 온다
물질인 육체가 항상함이 있다고 하니 욕망 등을 못 참고
생각이 있다고 하니 시비 분별을 참지 못함이다
육체나 생각이 없다면 욕망이나 시비 분별도 없다

5-59
'나'가 있으니 상대함이 되고
상대함이 있으니 시비 분별이 있고
시비 분별이 있으니 바름과 그름이 있고
그름을 바르게 하려 하니 참음이 없는 것이다

5-60
'나'가 있다 하여 일어나는 모든 경계나
상대함으로 일어나는 모든 경계들은
항상함이 있지 않은 일시적인 현상으로서
모두 변화하고 흘러가는 흐름임을 알아야 한다

5-61
이와 같이 항상함이 있지 아니하고
일시적 화합에 의한 현상임을 안다면
참는다는 것도 참지 못한다는 것도
모두 있지 않음을 알 수 있을 것이다

5-62
단지 인욕의 참음에만 머무는 자는
일시적인 혼란의 고통스러운 경계에서 벗어나기 위한 자로
잠시 안정과 편안함은 얻을 수 있을지언정
완전한 고요함은 얻을 수가 없다

5-63
어리석은 자는 단지 참는 것을 수행이라 하여
밭을 가꾸었으나 씨앗을 뿌리지 아니하여
시간이 흐르면 잡초가 다시 나오는 것처럼
얼마 후 다시 혼란스러워짐을 모르고 자랑으로 삼는다

5-64
진정한 참음은 참음에만 있음이 아니라
괴로움에서 벗어나기 위함임을 알아야 한다
그러므로 참음이 근본 목적이 아니라
보리의 씨앗을 심음이 근본 목적임을 알아야 한다

5-65
단지 인욕의 참음에 목적을 두지 말고
괴로움의 소멸을 위한 씨앗을 심음에
자연적으로 참음이 없는 참음에 들어감이라
이것이 보리의 행을 실천하는 이가 하여야 할 일이다

5-66
네 번째 정진의 쉼 없음의 행은 보리행의 근본이다
쉼 없는 노력이 없는 자는 불을 때다 마는
밥과 같아서 수고로움만 있을 뿐이고
결코 앞으로 나아가거나 결과를 얻을 수가 없다

5-67
정진의 행인 쉼 없음이 없는 이는
힘을 들이지 아니하고 얻으려는 이로
수레를 언덕 위로 밀고 올라가다 말아서
오히려 처음보다 못함과 같게 됨이라

5-68
정진의 쉼 없는 행에는
큰 보리의 마음을 일으킴이요
큰 자비의 마음을 일으킴이다
수레의 두 바퀴와 같음이라

5-69
보리의 마음을 일으킴에는
스스로의 괴로움에서 속히 벗어나려는 것과
다른 이의 괴로움을 속히 벗어나게 하려는 것이다
마치 머리에 붙은 불을 떼어 내듯이 하여야 함이라

5-70
자비의 마음을 일으킴에는
자신의 괴로움의 윤회에 대하여 자비심을 냄이요
다른 이의 괴로움의 윤회에 대하여 자비심을 냄이다
물에 빠져 있을 적에 헤어나옴과 같이 함이라

5-71
불을 몸에서 속히 떼어 내듯이
물에서 온 힘을 다하여 헤엄쳐 나오듯이 한다면
정진한다는 생각조차 있지 아니하고
저절로 정진의 행은 이루어짐을 알아야 한다

5-72
만약에 단지 정진의 쉼 없음에만 머무른다면
모래로 성을 쌓으려는 것과 같고
젖은 나무에 불을 붙이려는 것과 같아서
결과를 얻지 못하는 수고로움만 더할 뿐이다

5-73
진정한 보리행자의 쉼 없는 노력의 정진은
정진 그 자체에 만족함이 있음이 아니고
대보리심을 일으키고 대자비심을 냄이다
이와 같음을 바르게 알고 행하여야 한다

5-74
보리심이 없고 자비심이 없는 정진은
나무에 잎과 꽃은 무성하고 화려하나
열매는 맺지 못함과 같아서
헛된 수고로움만 더할 뿐이다

5-75
어리석은 자들은 정진한다는 겉모습에만 빠져
모양을 냄에 힘을 다하여 애쓴다
오히려 정진의 근본 뜻을 망각하게 되나니
보리심과 자비심이 없음에 부끄러워하여야 한다

5-76
다섯 번째 선정의 머무름의 행은 보리행의 근본이다
머무름이 없는 이의 행은
달려가면서 물을 마시려 하나 마실 수가 없어서
항상 목마름에 갈증을 느낌과 같음이라

5-77
선정의 행인 머무름이 없는 이는
물을 저어가며 고요하여지기를 바라고
나무를 흔들며 뿌리가 내리기를 바라는 자로
힘든 노력만 있을 뿐 결과의 열매를 얻지 못함이라

5-78
선정의 행인 머무름에는
안에서 요동침을 멈추게 함과
밖에서 상대함을 멈추게 함이 있다
산란하여 일어나는 것들을 멈추게 함이다

5-79
안에서 요동침을 멈추게 함에는
요동침이 일어나는 것을 지켜보는 것과
요동침의 실체가 없이 비어 있음을 아는 것이다
모두다 비어 있음을 아는 것임이라

5-80
밖에서 상대함을 멈추게 함에는
상대함들이 항상하지 않음을 아는 것이고
상대하여 오는 인연들을 끊는 것이다
모두 다 항상한 있음에서 벗어나는 길이다

5-81
모든 것이 항상함이 없음을 알고
모든 것이 텅 비어 있음을 알면
모든 있음으로 인한 번뇌가 사라져
본래 고요함이 스스로 드러날 것이다

5-82
태풍이 사라진 하늘은 고요함이요
바람의 파도가 사라진 바다는 본래 고요함이요
요동침이 사라진 마음은 본래 고요함이요
상대함이 사라지면 모든 것이 고요함 자체이다

5-83
하지만 단지 머무름에만 머무르는 자는
번거로움만 일시적으로 피하려 하는 자로
시간이 지나면 다시 일어나고
분별의 시비와 산란함이 다시 밀려올 것이다

5-84
참으로 보리의 행을 실천하는 이가
행하여야 할 일은 단지 머무름이 아니라
완전한 고요함의 경지에 들어가는 것임을
바르게 알아야 할 것이다

5-85
어리석은 자들은 단지 선정의 머무름에 빠져
한가로이 머무름을 주인 삼아 즐거이 한다
그것은 언제인가는 태풍이 밀려옴과 같아서
다시 산란함이 일어 고통 속에 빠지게 된다

5-86
여섯 번째 지혜의 밝음의 행은 보리행의 근본이다
밝음이 없는 자는 어두움 속에서
그림을 그리는 것과 같아서
원하는 바를 이룰 수 없음이라

5-87
지혜의 행인 밝음이 없는 이는
벽돌을 갈아서 거울을 만들려 함과 같고
모래를 쪄서 밥을 지으려는 것과 같다
그러므로 결코 좋은 결과를 얻을 수가 없음이라

5-88
지혜의 행인 밝게 함에는
닦아서 밝게 함과
본래 어두움이 없음을 아는 것이다
모두 어두움에서 벗어나기 위한 것이다

5-89
닦아서 밝게 함에는
쌓아서 온 어두움을 걷어냄과
다시는 어두움을 더하지 않는 것이다
더러운 먼지를 걷어냄과 같음이다

5-90
본래 밝음을 아는 것에는
본래 성품이 텅 비어 공함을 아는 것과
본래 무명이 없음을 아는 것이다
있음으로 인한 어두움에서 벗어남이다

5-91
앞을 보지 못하는 자가 있었다
이를 가엾이 여긴 훌륭한 의사가
치료를 하여 눈을 떠서 빛을 보았다
만약에 이 사람이 밝음이 따로이 생겨났다 하면 잘못이다

5-92
밝음은 항상 본래 그 자리에 있었지만
어두움에 가려서 빛을 보지 못하였던 것이다
이와 같이 밝음은 항상 있었지만
욕망의 어두움에 가려서 보지 못하는 것이다

5-93
글을 읽지 못한 이가 있었다
지혜로운 이가 와서 글을 가르쳐 주었다
그리하여 좋은 글들을 읽을 수가 있었다
이와 같이 지혜의 눈을 뜨게 되면 자연히 보임이라

5-94
본래 텅 비어 어두움이 없지만
검은 구름에 가리워져 있어서 어두운 것이다
따로이 밝음을 찾을 것이 아니라
단지 어두움만을 제거하면 되는 것이다

5-95
이와 같이 괴로움도 본래 있지 아니하지만
'나'가 있다 하는 것에 집착을 내어
있음으로 인하여 모든 것과 상대하여
시비와 분별로 갖가지의 괴로움의 번뇌를 일으키는 것이다

5-96
그리고 시비와 분별 또한 있지 아니한 것인데
단지 있음에 의한 상대함으로써
분노와 욕망과 탐욕 등의 파도를 일으켜
본래 고요한 것을 깨뜨려 버리는 것이다

5-97
이와 같이 고요함에 들어가려 하는 보리행자는
여섯 개의 길을 이웃 나라의 성에 들어가듯이
살피고 살피어 가며 낱낱이 보아야 함이라
그리하여서 완전한 고요함에 들기를 바란다

5-98
보시의 나눔으로 무소유에 들어가서
계율의 지킴으로 청정함에 이르고
인욕의 참음으로 있다 함에서 벗어나
정진의 쉼 없음으로 보리심과 자비심을 일으켜

5-99
선정의 머무름으로 요동침을 멈추고
지혜의 밝음으로 들어가 어두움에서 벗어나고
완전한 고요함의 자리에 들어가서
모든 괴로움의 고통에서 벗어나기를

5-100
그리하여 대보리행과 대자비행을 실천하여
본인도 괴로움의 윤회에서 벗어나고
다른 이도 괴로움의 윤회에서 벗어나기를
보리행자는 신명을 다하여 실천하기를

5-101
보리의 행을 실천하는 보리행자여
싸움판 아수라장에서 벗어나 조용한 곳으로 달아나듯이
세상의 허망되고 항상하지 않는 것들에서
속히 벗어나서 고요한 곳으로 달아나야 한다

여섯 번째 장

무명에서 벗어나는
텅 빔의 지혜

무명에서 벗어나는 텅 빔의 지혜이다
성품은 본래 어두움이 없으며
모든 것은 텅 비어 있는 것이다
이와 같은 텅 비어 있음의 지혜를 아는 장이다

6-1
있다 라고 하는 것들을 자세히 관찰하고 사유하여
그것들의 실체를 바르게 보고 알아서
본래의 성품은 그 어느 곳에도 고정되어 있음이 없어
텅 비어 있음을 알아야 함이라

6-2
허공은 허공 자체로 텅 비어 있다
허공은 따로이 고정된 어떠한 것이 없다
비어 있는 허공, 이길 수 있는 것은 아무것도 없다
참 지혜의 성품도 이와 같이 텅 비어 있어 강함이라

6-3
만약에 허공이 있지 않다고 하면 그릇된 견해이다
허공이 따로이 고정되어 있다고 하여도 그릇된 견해이다
허공은 있음과 없음의 양단으로는 헤아릴 수가 없다
참 지혜의 성품도 이와 같이 옳고 그름의 어디에도
치우침이 없다

6-4
허공은 그 어떠한 모습으로도 있지 아니하지만
허공은 그 어떠한 모습도 다 포용한다
허공은 포용은 하지만 집착함이 없다
참 지혜의 성품도 모든 것을 포용하지만 집착함이 없다

6-5
그 어느 것이라도 포용하지 못한다면 허공이 아니다
어떠한 것에라도 집착함이 있다면 허공이라 할 수 없다
허공은 집착하지 아니하되 포용함을 허용한다
참 지혜의 성품도 붙들지는 아니하지만 있음을 허용한다

6-6
허공이 있다 하면 있음에 빠진 것이요
허공이 없다 하면 없음에 빠진 것이다
허공은 있음과 없음 그 어느 곳에도 치우침이 없다
참 지혜의 성품도 있음과 없음 그 어느 곳에도 치우침이 없다

6-7
허공은 있음과 없음 크고 작음이 따로이 없으며
오거나 가거나 처음이나 끝이 없으며
이것으로나 저것으로나 나눌 수가 없다
본래 참 지혜의 성품도 이와 같이 차별도 분별도 없다

6-8
본래 참 지혜의 성품은 어디에도 얽매임이 없어서
어떠한 '나'라고 하거나
어떠한 '나'라고 이름하여 불릴 것이 없음을 알고
생겨남이나 멸함이 본래 없음을 알아야 한다

6-9
지금까지 '나'가 있다고 하는 있음에 빠져
너와 나 이것과 저것 좋고 싫음에 의한
생겨나고 사라짐의 끝도 시작도 없는
길고 깊은 윤회의 굴레에 의하며 흘러왔다

6-10
이제 이 괴로움의 굴레에서 벗어나기를
신명을 다하여 힘을 다할 것이며
있음으로 인하여 괴로움에 빠져 고통 받는
이들을 속히 벗어나게 하기를 힘쓸 것이다

6-11
어떠한 '나'가 있다 하는 것으로부터 벗어나
분별하고 간택함이 사라져서
텅 빔의 본래 성품의 자리에 들어가서
괴로움의 완전한 소멸을 이루어야 함이라

6-12
'나'가 있다고 하는 그릇된 착각으로 인하여
달팽이 뿔과 같은 세상에서 시달렸던
지난 시간들을 두려워하고 무서워하여
하루속히 벗어나기를 힘씀이라

6-13
지혜로운 이는 한결같은 노력으로
외나무 다리를 건너가듯이 지극히 행을 수행하여
'나'가 있음으로 인한 착각에서 벗어나
번뇌의 빗발치는 고통 속에서 벗어나기를 힘씀이라

6-14
그릇된 견해로 고정된 실재하는 '나'가 있어
기쁨과 행복이 따로 있다고 주장하는 것은
뜨거운 여름날 흘러가는 하늘의 조각구름이
그늘을 만들어 줌과 같은 것이라

6-15
어떠한 '나'가 있어 주장하는 것
어떠한 '나'라고 하는 실체가 있다고 하는 것
그와 같은 것이 있다고 한다면 그 어느 곳에 있는지
깊이 관찰하고 깊이 사유하여 찾아보아라

6-16
술에 취한 자가 깜빡 잠이 들었다
꿈결에 어느 곳에 가다가 커다란 황금을 주웠다
꿈속에서 이웃 사람이 빼앗아 가 버렸다
잠에서 깨어나 진실로 주운 것처럼 착각이 되어

6-17
이웃 사람에게 찾아가서 황금을 내어 놓으라 하면
그 얼마나 황당한 일이겠는가?
이와 같이 실재함이 없는 '나'를 있는 것처럼
착각하여 시비하고 분별하는 것이 저 술 취한 자와
같음이라

6-18
사막에서 목이 마를 적에 느껴지는 신기루처럼
추운 겨울에 느껴지는 따스한 온기처럼
착각으로 인한 그릇된 있음에서 벗어나
참으로 어떠한 것이 자신의 실상인지 보아야 한다

6-19
나라고 하는 것 있는 듯이 보이지만
아침의 안개가 자욱하게 일어나면
안개가 대단히 많이 일어났다고 하지만
해가 들면 흩어지고 마는 것과 같음이라

6-20
저 강의 강물들이
앞서거니 뒤서거니 밀려오고 밀려가면서
강물이 있는 것처럼 보이지만
그 어디에도 강물의 고정된 주체자가 없음과 같다

6-21
하늘의 태양빛이 고정되어 있다면
빛이 멈추어 있으므로 빛이라고 할 수 없을 것이다
만약에 빛이 없다면 밝음이 없을 것이다
그러므로 있음과 없음을 떠난 흐름 뿐이다

6-22
만약 사람의 몸에 흐르는 피가
이것이 피의 고정된 주체이다 하면 피가 멈춤이요
피가 있지 아니하다 하면 죽음이다
이와 같이 단지 피는 흐르는 작용을 할 뿐이다

6-23
강과 강물이 둘인 듯 보이지만
하나로 서로 화합된 인연에 의하여 흐르는 것처럼
항상하다거나 항상하지 않다고 하는 것은 말뿐
단지 이것과 저것의 화합에 의하여 흘러감이라

6-24
항상하다고 인식되는 물질의 육체와
수시로 흩어져 가는 육체의 분비물들이
둘이면서 하나이고 하나이면서 둘이듯이
모든 것은 갖가지의 모임의 흘러감이라

6-25
어떠한 고정되어 실재하는 '나'가 있지 아니한데
일어나는 행위들에 어찌 '나'가 있을 것인가
일어나는 행위들은 어떠한 실재함이 없으며
단지 서로 상대하여 작용하여 이루어질 뿐이다

6-26
항상하여 변함이 없이 쓰임이 있다면
순차적으로나 동시적으로도 쓰일 수가 없다
그러므로 영원히 변함이 없는 것은 없다
따라서 어떠한 고정된 '나'라고 하는 것은 없다

6-27
만일 그 어느 것이 어떠한 능력의 힘이 있다 하여
있지 않은 것을 만들어 내는 신통이 있다 한다면
어찌 없음에서 있음이 나올 수 있으며
그 존재라고 하는 것 또한 어느 곳에서 만들어졌는가

6-28
어떠한 것이 있어 어떠한 것들을 만들었다면
그 어떠한 것 또한 그 어떠한 것이 만들었는가
그러므로 그 어떠한 것 또한 언제인가는 사라짐이다
그러므로 어느 것도 영원히 항상한 것은 없음이라

6-29
어떠한 이들은 우주의 끝이 있다고 한다
끝이 있다면 그 끝은 다음의 시작 아닌가?
또 어떠한 이들은 우주가 팽창한다고 한다
없음으로 커져 나갈 수 없는 것이라 그릇된 견해들이다

6-30
이것이다 주장할 수 있는 것이라면
모든 것은 멈춤이 없이 흘러가 버리는데
그 어디에 이것이다 라는 것이 있을 것인가
그러므로 변함이 없는 이것이다 라는 것은 없다

6-31
땔감을 떠난 따로이 불이 있을 수 있는가?
그리고 불이 홀로 존재할 수 있을 수 있는가?
땔감도 타버리고 불도 흩어진다
오직 서로서로 인연의 화합에 의하여 작용하여 쓰여진다

6-32
이와 같이 물질을 떠난 어떠한 주체자는 없다
그리고 따로이 행위하는 주체자도 없다
일어나게 하는 것과 일어나는 것
그 어디에도 따로이 주체자는 없다

6-33
꽃을 떠난 따로이 색깔이 있는가?
그리고 색깔이 홀로 있을 수 있는가?
꽃도 시들어 버리고 색깔도 변하여 간다
이와 같이 물질과 색깔의 습이 인연 되어 흐름이다

6-34
만약 물질 자체에 고정된 근본이 있다면
서로 유기적인 활동을 이루지 못할 것이다
그러므로 물질 자체에도 근본이 없고
단지 인연의 조합에 의하여 이루어질 뿐이다

6-35
만약 작용 자체에 고정된 근본이 있다면
서로 유기적 활동을 이루지 못할 것이다
그러므로 작용 자체에도 근본이 없고
단지 인연의 조합에 의하여 쓰여질 뿐이다

6-36
보여지는 모양이 같다 할지라도
보는 자와 보여지는 갖가지의 상황에 따라
각자 자신의 인식의 크기만큼 보여진다
그 어떠한 것도 같은 모습으로 보여질 수가 없음이라

6-37

객체와 주체가 따로이 있어서
물질과 쓰임이 각기 작용함은 없다
단지 서로 상대하여 쓰여질 뿐이다
그러므로 고정된 객체와 주체는 따로이 없다

6-38

사람이 물건을 들어서 옮길 적에
육체의 물질과 힘의 쓰임이 따로이 있어서
쓰여지는 것은 있을 수 없음이라
단지 서로 유기적 상대에 의하여 쓰여질 뿐이다

6-39

객체와 주체가 따로이 있어서
의식에 나타난 어떠한 것들이
인식과 따로이 어떠한 실체로서
존재하는 것은 있지 아니하다

6-40

사물이 어떠한 고정된 실체가 있어서
고정되어 존재하지 아니하기 때문에
인식에 의하여 각각의 모습으로 보여지는 것이고
물질의 모습으로 나타나 보이는 것이다

6-41
배가 고픈 자에게는 모든 것이 먹이로 보이고
목마른 자에게는 모든 것이 물로 보이고
눈병 난 자에게는 모든 것이 환영으로 보여지듯이
각각의 의식에 의한 보이는 대로 보여진다

6-42
그러므로 어떠한 '나'라고 하는 주체가 있다고 하는
고집을 끊어 버리기 위하여서는
깊은 관찰과 세심히 사유하여 보아
달무리처럼 있는 듯이 보이지만 없음을 알아라

6-43
어떠한 고정된 주체가 있다는 고집을 하는
어리석은 이들의 고정된 관념을 깨기 위하여
모든 것은 흘러가는 일시적 모임의 현상으로
만나고 흩어지고 하는 것임을 알아야 하는 것이다

6-44
사실 인연의 화합이라고 하는 것 또한
있음과 없음의 분별심에 가리어
어두워진 자들을 일깨우기 위하여 말한 것
모든 것은 오직 텅 비어 흘러감을 알아야 한다

6-45
어떤 이들은 있음과 없음으로
나눔의 분별심에 의하여 모든 것을 판단하므로
없음으로 인하여 두려움과 해태심에
빠질까 하여 인연의 방편을 말하는 것이다

6-46
인연의 화합 또한 또 다른 있음의 모습으로
진실로 참다운 실상의 모습은 아님이다
있음과 없음은 따로이 있지 아니하므로
오직 텅 비어 흘러가는 흐름의 모습 뿐임이라

6-47
스스로가 변하여 어떠한 모습으로 있다고 하거나
다른 어느 것에 의지하여 생겨난다거나
원래부터 근본적으로 있다고 하거나 하는 것 등은
다만 의식함에 의한 자기 주장일 뿐이다

6-48
의식함 또한 항상하거나 진실한 것이 아니고
순간순간 상황에 따라서 조작되어 나타나는 것
그것들은 지극히 있음에 의한 주관적 현상으로
진실하지 않은 그릇된 일시적 견해임을 알라

6-49
모든 것에는 고정된 어떠한 실체가 없으며
있다고 하는 의식 또한 실재하는 것이
아님을 깊이 관찰하고 사유하여 알아야
참으로 실다운 모습을 볼 수가 있음이라

6-50
어떠한 실체가 있다고 주장하는 자들은
자신의 마음이 따로이 있다 하여 찾아서
어떠한 경계에 이르러 고요하고 깨끗한 것이
자신의 본래 성품이라고 착각한다

6-51
마치 실체가 있다고 주장하는 자들의 행위는
허공을 굳이 있다고 지칭하여
허공에 아무것도 없는 것만이
진실한 허공이라 말하는 것과 같음이라

6-52
과거의 것들은 이미 흘러가 버렸고
미래의 것들은 아직 오지 아니하였고
지금 순간순간 머묾이 또한 있지 아니한데
그 어느 곳에 따로이 있다고 할 수 있는가?

6-53
어떤 이들은 분별심을 내어서
잠잘 때의 의식 작용을 꿈이라고 하고
상상하는 것을 이상향의 생각이라고 하고
지금 이루어지는 것을 현실이라고 나눈다

6-54
그러나 지혜로운 이는 자세히 관찰하여 보아서
꿈이라거나 상상이라거나 현실이라거나
하는 것 등 모두 다 상대함에서 일어나는
단지 흘러가는 순간순간의 현상일 뿐임을 안다

6-55
꿈이라고 하는 것이나 상상이라고 하는 것이나
현실이라고 하는 것이나 모든 현상들은
시간이라는 흐름의 선상에서 순차적으로 일어나는
모두 '나'가 있다고 하는 의식의 작용일 뿐이다

6-56
과거에 일어났다고 하는 의식들
미래에 일어날 것이라고 하는 의식들
지금 일어나고 있다고 하는 의식들
모든 것은 단지 순간순간 흘러가는 의식의 조작일 뿐이다

6-57
나무에서 열매가 땅으로 떨어지면
땅에서 끌어당기는 힘이 있다고 하지만
땅의 그 어디에도 따로이 고정된 주체적인 힘은 없다
단지 서로의 인연에 의하여 일어난 현상일 뿐이다

6-58
따로이 고정된 실체가 있다 하는 의식
사실이 아니면서 사실인 것처럼
분별하고 조작하여 의식함을 일으켜서
상대함을 만들어 갖가지의 일들을 일으킨다

6-59
어느 곳에 하나의 점이 찍히면 중심이 되는 곳이된다.
그곳을 인하여 선이 이루어지고
선들이 연결되어 면들을 만들게 되고
면들이 만나게 되면 입체의 모양이 된다

6-60
입체의 모양이 만들어지면 안과 밖이 되고
안과 밖이 너와 나로 구별이 된다
너와 나는 서로 다름으로 상대함이 이루어진다
상대함은 좋아함 싫어함 등의 원천이 된다

6-61
찰나에 몰록 일어남이 한 생각이 되고
한 생각이 모여 한 줄기를 이루고
한 줄기들이 이루어져 나와 너로 나누어진다
그리고 옳고 그름의 시비와 다툼의 시작이 된다

6-62
그리고 분별심이 강물처럼 물결치며 흐르고
나와 너 우리와 너희들 좋은 것과 나쁜 것
행복한 것과 불행한 것 등의 갈등의 파도를 일으켜
번뇌의 파도와 고통의 가시밭길에 빠지게 된다

6-63
흐르는 강물과 떠다니는 바람처럼
이렇다 할 고정된 주체자는 있지 아니하지만
모였다 흩어졌다 하며 흘러가면서
물질에 의지하여 의식이 작용하여 쓰여진다

6-64
어리석은 이들은 그릇된 견해를 고집하여
육체에 고정된 주체가 있지 아니하고
의식에도 따로이 고정된 주체가 없다 하여도
그래도 또다시 어떠한 자신이 있다고 고집한다

6-65
자신이라고 하는 실체가 있다고 하고
그 자신이 진실로 행위를 한다고 하면서도
그 자신의 실체를 말하지 못하면서
그냥 이것저것이 자신이라고 괴변한다

6-66
지혜로운 이는 가정하여 말하거나
확실하지 아니한 것을 말하지 아니하고
자신도 분명한 것을 깨달아 알고
다른 이에게도 미혹됨이 없게 함이라

6-67
인식하는 대상을 알 수 있는 것은 의식 작용이다
인식하는 대상 없이 의식 작용은 일어나지 아니한다
그러므로 상대함이 없이 일어나는 것은 없다
모든 일어남은 상대함으로 인하여 일어난다

6-68
무엇이라고 이름 하는 것은 이름에 불과하다
이름에는 단지 이름뿐 아무런 실체가 없다
이름 또한 아무런 의미가 있지 아니하다
이름은 다만 서로 약속한 것에 불과한 것이다

6-69
의식 작용이 있다고 하여 그 안에서나
의식 작용이 있다고 하여 그 밖에서나
의식 작용이라고 하는 것은 상대함의 그림자이다
그러므로 따로이 고정된 의식이라고 할 만한 어떠한 것은 없다

6-70
그림자를 만든 물질도 변하여 감으로 실체가 없고
그림자도 고정됨이 없어 따로이 실체가 없고
그림자를 만든 빛도 흘러가므로 따로이 실체가 없다
단지 물질과 빛에 의한 흐름의 작용일 뿐이다

6-71
이와 같이 육체도 변하여 감으로 실체가 없고
의식도 흘러가는 것이므로 따로이 실체가 없고
의식에 비친 사물의 그림자에도 실체가 없다
단지 육체와 의식과 사물이 상대하여 쓰일 뿐이다

6-72
자신이 있다고 하는 어떠한 고정된 실체는
그 누구도 그것의 실체를 볼 수가 없음이라
그리고 따로이 보여질 수도 없음이라
본래 따로이 어떠한 실체가 없기 때문이다

6-73
이것과 저것으로 보여지는 것은
서로가 상대하여 분별로 보여지는 현상일 뿐
그리고 그 현상들은 습의 작용에 의한 모습일 뿐
습에 의한 분별심은 텅 빔을 막아 어둡게 한다

6-74
인지되는 상대가 따로이 있고
인지하는 자가 따로이 있다면
자신이 따로이 있다는 견해가 되어
텅 빔의 본래 성품에 들어갈 수가 없다

6-75
음식을 보면 먹고 싶은 생각이 일어난다
그것은 과거에 익혀진 습에 의한 일어남으로서
따로이 음식의 물질에도 고정됨이 없고
맛과 의식에도 따로이 실체가 있지 아니하다

6-76
어떠한 실재하는 주체적 모양이 없고
주체적 모양이 없어 고정됨이 없으므로
따로이 이것이 자신이라고 할 수가 없어서
언어나 분별하는 생각으로는 알 수가 없음이라

6-77
거울에 어떠한 모양이 비추었다고 하여
모양이 옮겨 간 것이 아니며
거울과 물질이 상대하여 이루어진 것으로
서로 상대함이 사라지면 비추어진 모습도 사라진다

6-78
이와 같이 습이 물질과 상대하여
생겨남을 일으키고 멸함을 일으킨다
습과 물질의 상대함이 사라지면
생겨남이 사라지고 멸함도 사라진다

6-79
북채와 북이 상대하여 소리가 일어난다
북과 북채의 상대함이 없다면 소리도 없다
이와 같이 모든 것은 상대함으로 이루어진다
모든 것은 상대하여 일어나고 멸하는 현상이다

6-80
모든 법의 생겨남은 원인이 있다
원인이 없이 생겨남이란 있을 수가 없다
그리고 그 원인 또한 상대함에서 생겨난다
상대함이 사라지면 생겨남의 원인 또한 사라진다

6-81
괴로움은 분별심에서 생겨나고
분별심은 '나'가 있음으로부터 생겨나고
'나'가 있다 함은 상대함에서 일어난다
따라서 상대함이 없으면 괴로움도 없다

6-82
원인이 없으면 결과도 있지 아니하고
지은 바가 없으면 생겨남도 없다
결과를 만들지 않으려면 원인을 만들지 마라
생겨남을 없애려면 짓는 일을 하지 마라

6-83
'나'가 있다고 하는 존재적 관념으로부터의
얽매임에서 벗어나지 못한다면
뜨거운 불덩이를 손으로 움켜쥐고
뜨거움으로부터 벗어나지 못함과 같다

6-84
어떠한 이름을 지을 수는 없지만 굳이 방편을 내어서
텅 빔이라고 하거나 깨달음이라고 하거나
보리의 마음이라고 하거나 자비의 마음이라고 하거나
괴로움의 완전한 소멸자리라고 한다

6-85
마치 어떤 이가 어떠한 곳을 보고 와서
다른 이에게 말할 적에 표현을 다 하지 못하기 때문에
굳이 아름다웠다 좋았다 행복하였다 등
어떠한 말의 표현을 하는 것과 같음이라

6-86
생겨남과 멸함이 따로이 없음이 텅 빔이며
'나'라고 하는 고정된 실체가 없음이 텅 빔이다
그러므로 만일 '나'가 있어서 '나'를 찾는다 하는 이는
텅 빔의 수행을 하는 이라 말할 수 없음이라

6-87
있다고 하는 것은 모두 일어나고 멸함이 있어서
반드시 사라짐으로 영원한 것은 없음이라
어느 것도 항상하지 아니하고 흘러가는 것을 본다면
그 자리가 텅 빈 공의 성품 자리이다

6-88
항상 고정되어 실재하여 존재한다거나
그 어느 것도 있지 아니하다거나 하는
어느 한곳에 치우침이 있다면
텅 빔의 성품 자리에 들어갈 수가 없음이라

6-89
'나'가 있다는 고정된 의식에 잡힌다면
참으로 본래의 느낌 향 소리 맛 색깔 생각 등을
알 수가 없음이라
그러므로 있다는 고정된 것에서 벗어나야 한다

6-90
그러나 어리석은 자들은
자신의 인습에 의하여 고정된 관념을 가져서
오직 그 인습의 잣대를 대어서 좋아하고 싫어한다
그 인습에 덮여서 참된 본맛을 알지 못한다

6-91
마치 어떤 이가 항상 소금을 음식에 많이 넣어서
짜게 먹는 습관을 가지고 있었다
그러므로 이 사람은 아무리 좋은 음식이 나와도
소금이 많이 들어가야 맛있다 하는 것과 같음이라

6-92
물질 가운데 최고의 물질은 텅 비어 있음의 물질이요
색깔 가운데 최고의 색깔은 텅 비어 있음의 색깔이요
소리 가운데 최고의 소리는 텅 비어 있음의 소리요
향기 가운데 최고의 향기는 텅 비어 있음의 향기이다

6-93
맛 가운데 최고의 맛은 텅 비어 있음의 맛이요
느낌 가운데 최고의 느낌은 텅 비어 있음의 느낌이요
생각 가운데 최고의 생각은 텅 비어 있음의 생각이다
텅 비어 있어서 걸림 없는 것이 최고의 근본이다

6-94
어두움은 탐욕과 분노와 어리석음에서 온다
탐욕과 분노와 어리석음은 분별에서 온다
분별은 상대하여 있음에서 오는 것이다
상대하여 있음이 사라지면 어두움도 사라진다

6-95
상대하여 있음으로 인한 걸림이 없으면 어두움이 사라지고
분별함이 사라지고 탐욕과 분노와 어리석음도 사라진다
그리고 걸림 없는 텅 빔의 자리에 든다
텅 빔의 성품 자리가 참지혜의 자리이다

6-96
어두움이 온밤을 감추어 버린 밤
귓가에 스쳐 가는 바람의 소리만이라도
삼매의 텅 빈 경지에서 듣기만 하여도
텅 빈 공의 성품을 알 수가 있음이라

6-97
나무와 풀 등이 대지를 의지하여 나왔듯이
모든 것 또한 텅 빈 공의 성품에서 나왔고 살아간다
이 텅 빈 공의 성품을 보는 것이야말로
걸림이 없는 참 지혜의 성품 자리임을 알아야 한다

6-98
지혜로운 이는 방을 청소함에
단지 깨끗이 할 뿐이고
어리석은 이는 방을 청소함에
단지 향수를 뿌리거나 다른 것으로 덮음이라

6-99
이와 같이 저 지혜로운 이의 방을 청소하는
행위를 하는 것과 같이
보리의 행을 실천하는 이도
단지 어두움만 걷어내면 텅 빈 본래 성품이 드러난다

6-100
그리고 어리석은 이가 방을 청소함에
아무것도 없는 것이 깨끗한 청소라 하여
필요한 것까지 모두 없애버리면 안 되듯이
본래 성품 또한 아무것도 없다 하면 또 다른
아무것도 없는 있음에 빠짐이다

6-101
그러므로 알맞게 있고 알맞게 없이
그 어느 것에도 집착함이 없이 쓰여짐이
진실한 참으로 텅 비어 있는
성품의 자리라 말하는 것이다

6-102
본래 성품이 이와 같음을 알아
아무것도 없다 하는 것이나
그 어떠한 것이 있다 하는 것이나
그 어느 곳에도 치우침이 없어야 함이라

6-103
훌륭한 파도 타는 이는 파도를 이기려 하지 않는다
단지 파도의 흐름을 알아 파도를 사용할 뿐이다
이와 같이 지혜로운 이는 무엇이 있다 하여 다투지 않는다
단지 텅 빔의 흐름을 알아 알맞게 쓸 뿐이다

6-104
연을 잘 날리는 이는 바람을 이기려 하지 않는다
단지 바람의 흐름을 잘 알아 연을 날릴 뿐이다
이와 같이 지혜로운 이는 무엇을 이기려 하지 않는다
단지 모든 것이 텅 빈 흘러감으로 함께 흘러갈 뿐이다

6-105
보리의 행을 실천하는 보리행자는
육체가 있어 고통스러움을 받고
의식이 있어 괴로움을 받음을 알아야 한다
그러므로 육체와 의식의 있음으로 인한 괴로움의
윤회를 끝을 내야 한다

6-106
보리의 행을 실천하는 보리행자는
아침에 뜨는 태양도 저녁으로 흘러간다
봄날의 기운도 여름 가을 겨울로 흘러간다
이와 같이 모든 것이 흘러감임을 알아야 한다

6-107
보리의 행을 실천하는 보리행자는
사랑스러운 것들도 떠나가 버리고
원수 같은 것들도 떠나가 버린다
모든 것은 흐르는 강물처럼 부는 바람처럼 흘러감을
알아야 한다

6-108
보리의 행을 실천하는 보리행자는
항상할 것 같았던 행복들이 언제인가는 사라져 버린다
영원할 것 같았던 어두움의 그림자도 언제인가는
사라져 버린다
모든것은 단지 스쳐가는 인연의 화합일 뿐임을 알아야 한다

6-109
보리의 행을 실천하는 보리행자는
이 육체로 인하여 얼마나 아프고 아파야 끝이 날까
이 의식으로 인하여 얼마나 힘들고 힘들어야 끝이 날까
오직 이것들의 해결자는 본인밖에 없음을 알아야 한다

6-110
보리의 행을 실천하는 보리행자는
언제인가는 고통의 늪에서 벗어나야 하고
언제인가는 괴로움의 그물에서 벗어나야 함을
잠시도 잊으면 아니 됨을 알아야 한다

6-111
보리의 행을 실천하는 보리행자는
언제인가는 반드시 고통의 늪에서 벗어나고
언제인가는 반드시 괴로움의 그물에서 벗어남을 알고
강한 믿음으로 그 아무리 힘들고 어려워도 참아야 한다

6-112
보리의 행을 실천하는 보리행자는
이 고통과 괴로움은 분명히 끝이 난다
모든 것은 변하여 간다 흘러간다 지나간다
하루하루 버티며 방심하여서는 아니 된다

6-113
보리의 행을 실천하는 보리행자는
이와 같이 모든 있음에서 벗어나고
모든 항상한 영원하다는 것에서 벗어나
텅 빈 공의 성품인 참 지혜의 경지에 들어감이라

6-114
보리의 행을 실천하는 보리행자는
텅 빈 공의 성품인 참지혜의 경지에 들어가서
스스로도 괴로움의 윤회에서 벗어나고
다른 이도 괴로움의 윤회에서 벗어나게 하여야 한다

6-115
보리의 행을 실천하는 보리행자여
어두운 깊은 산속에서 짐승들의 울음소리에 놀라 도망쳐
밝은 곳으로 찾아가듯이 항상하다는 욕망
육체의 괴로움의 음성 있다 함의 집착 등의 것에서
밝은 곳으로 가야 한다

일곱 번째 장

삼매의 길

모든 걸림에서 벗어나는 삼매이다
세상의 모든 것은 번뇌와 삼독의 불속에 있다
세상의 모든 것은 혼돈 속에 있다
이와 같은 것에서 벗어나는 삼매의 장이다

7-1
재물을 얻으려는 일에는 모든 힘을 다하여
자신의 손이 데이는 줄도 모르고
불에 달구어진 황금을 잡으려 하는 것처럼
욕망의 불길을 일으키며 달려든다

7-2
재물을 탐하는 눈은 어두움에 가리워져
생명의 중요함도 잊어버리고
모기가 피를 빠는 것처럼
욕망의 수레를 채찍질하면서 달려든다

7-3
명예를 탐하는 일에는 모든 힘을 다하여
나비가 꽃의 향기에 취하여 정신없이 있다가
다른 것의 먹이가 되는 것도 모르는 것처럼
욕망의 춤을 추며 달려든다

7-4
명예를 탐하는 눈은 어두움에 가리워져
허망한 불꽃의 흔들림이 춤추고 손짓함으로 보여
스스로 불에 타 죽는 줄도 모르고 달려드는 불나방처럼
욕망의 날갯짓을 하며 달려든다

7-5
권력을 탐하는 일에는 모든 힘을 다하여
개가 피 묻은 칼날을 핥다가 결국에는
자신의 혀에 상처가 나서 피를 흘리는 것처럼
욕망의 칼을 휘두르며 달려든다

7-6
권력을 탐하는 눈은 어두움에 가리워져
낭떠러지가 있어 떨어지는 줄도 모르고
앞만 보고 달려가는 말처럼
욕망의 야생마를 타고 달려든다

7-7
지혜로운 이는 큰 보리의 행을 일으켜
재물과 명예와 권력의 탐함으로 인하여
고통의 윤회에서 속히 벗어나고
다른 이도 속히 벗어나게 하여야 한다

7-8
재물을 갖으려 분노하고
명예를 갖으려 분노하고
권력을 갖으려 분노하였던 힘을 돌이켜서
윤회의 고통에서 속히 벗어남에 분노하여야 한다

7-9
재물을 갖으려 어리석었던
명예를 갖으려 어리석었던
권력을 갖으려 어리석었던 것들을 돌이켜서
항상함이 없는 허망한 것들에 대하여 어리석어라

7-10
지금까지 항상하지 않은 것들을 갖으려
탐욕을 일으켜 욕망하였던 삶들에
분노하고 또 분노함을 일으켜
어리석음의 고통 속에서 속히 벗어나야 한다

7-11
오직 괴로움의 고통 속에서 벗어나는 일에
오직 모든 이가 괴로움의 고통에서 벗어나게 하는 일에
탐욕을 내고 분노를 일으키고 힘을 다하여
보리행 실천의 삼매에 들어가야 한다

7-12
보리행 실천의 삼매에 들기 위하여 탐욕을 내고
보리행 실천의 삼매에 들기 위하여 분노를 일으키고
보리행 실천의 삼매에 들기 위하여 무상한 것에 어두워져
보리행 실천의 삼매에 속히 들기를 원하여야 한다

7-13
괴로움의 윤회에서 벗어나는
보리행 실천의 삼매에 들어가는 문에는
관찰하고 사유하여 들어가는 네 개의 문과
곧장 들어가는 본래 성품에 대하여 궁금함을
일으키는 것이 있다

7-14
먼저 관찰하고 사유하여 들어가는 네 개의 문은
몸과 괴로움과 뜻과 법을 관찰하고 사유하여
그것들의 실체를 바르게 앎으로 인하여
그 어느 것도 집착할 것이 없음을 아는 것이다

7-15
물질로 된 육체가 모두 괴로움 덩어리이고
괴로움의 근본은 실재함이 있지 않으며
뜻의 성질은 항상함이 있지 않으며
법의 성품은 텅 비어 있음을 아는 것이다

7-16
첫 번째 물질로 된 육체를 관찰하는 방법에는
자신의 육체와 타인의 육체를 관찰하는 것이다
고기를 나누는 이가 고기를 부위별로 나누듯이 보아
육체의 모든 일어나고 멸하는 것이 괴로움임을 아는 것이다

7-17
육체를 관찰함으로써 육체의 덩어리가
얼마나 고통을 일으키는 샘의 물과 같은지
얼마나 고통이 쌓여 있는 창고와 같은지
바르게 보고 바르게 아는 것이다

7-18
어떤 이들은 보는 즐거움이 있다고 한다
그러나 보는 즐거움은 잠시일 뿐
봄으로 인하여 분별과 혼란스러움의 고통을 받거나
보지 못하여 고통을 받는 것이 얼마나 길고 큰지 알아야 한다

7-19
지혜로운 이는 보는 즐거움은 일시적이요
보거나 보지 못하여 받는 고통이 길고 큰 것임을 알고
상대하여 보려고 하는 것에서
집착함을 벗어나야 한다

7-20
어떤 이들은 듣는 즐거움이 있다고 한다
그러나 듣는 즐거움은 잠시일 뿐
들음으로써 시비와 분별을 일으키고
듣지 못하여 고통을 받는 것이 얼마나 길고 큰지 알아야 한다

7-21
지혜로운 이는 듣는 즐거움은 일시적이고
듣거나 듣지 못하여 받는 고통이 길고 긴 것임을 알고
상대하여 들으려 하는 것에서
집착함을 벗어나야 한다

7-22
어떤 이는 향기를 맡는 즐거움이 있다고 한다
그러나 향기를 맡는 즐거움은 잠시일 뿐
냄새를 맡음으로써 시비와 분별을 일으키고
냄새를 맡지 못하여 받는 고통이 얼마나 큰지 알아야 한다

7-23
지혜로운 이는 향기 맡는 즐거움은 일시적이고
냄새를 맡거나 맡지 못하여 받는 고통이 긴 것임을 알고
상대하여 냄새 맡으려 하는 것에서
집착함을 벗어나야 한다

7-24
어떤 이들은 먹는 즐거움이 있다고 한다
그러나 먹는 즐거움은 잠시일 뿐
음식을 먹음으로써 육체의 막힘과
먹지 못함으로써 받는 고통이 얼마나 큰지 알아야 한다

7-25
지혜로운 이는 먹는 즐거움은 일시적이고
먹거나 먹지 못하여 받는 고통이 길고 긴 것임을 알고
상대하여 먹으려 하는 것에서
집착함을 벗어나야 한다

7-26
어떤 이들은 몸으로 느끼는 즐거움이 있다고 한다
그러나 몸으로 느끼는 즐거움은 잠시일 뿐
느낌을 지각함으로써 고통을 일으키거나
지각하지 못함으로써 당하는 아픔이 얼마나 큰지 알아야 한다

7-27
지혜로운 이는 느끼는 즐거움은 일시적이요
느끼거나 느끼지 못하여 받는 고통이 길고 큰 것임을 알고
상대하여 느끼려 하는 것에서
집착함을 벗어나야 한다

7-28
이와 같이 육체가 받는 즐거움은 일시적이요
육체가 있음으로 인하여 고통이 더 크고 김을 알고
밀밀히 관찰하고 사유하여 보아서
육체의 진실한 실상을 알아야 한다

7-29
이 물질로 된 육체가 있음으로 인하여
가렵거나 저리거나 따끔거리거나 하는 등
조금의 간단도 없이 일어나는 것이
물거품이 일어나고 꺼짐과 같음을 알아야 한다

7-30
배고픔이 오는데 먹지 못하는 괴로움
성욕이 일어나는데 풀지 못하는 괴로움
잠이 오는데 잠을 잘 수가 없는 괴로움
이와 같이 육체에서 고통이 일어남이 폭포수와 같음이라

7-31
자신의 육체를 관찰하고 사유하여
허망한 육체에 대한 집착에서 떨어지고
그리고 타인의 몸을 관찰하고 사유하여
타인의 육체에 대한 사랑스러움과 미워함에서 벗어나야 한다

7-32
자신의 육체와 다른 이의 육체에 대한 항상하다 함에서
벗어남으로써 싫어함 좋아함 더러움 깨끗함
사랑스러움 혐오스러움 등의
모든 욕망과 분별심에서 벗어날 수가 있음이라

7-33
두 번째 괴로움을 관찰하고 사유하는 방법에는
자신과 타인의 괴로움을 깊이 관찰하고 사유하여
괴로움의 일어남과 흘러감과 멸하여 가는 것을 알아
괴로움의 근본 실상을 아는 것이다

7-34
괴로움을 일으키는 것에는 여덟 가지가 있다
태어나고, 늙어가고, 병들고, 죽는것
사랑하는 이와 헤어지고 원수와 만나야 하는 것
구할래야 구할수 없고, 모든 있다 하는 것이 소멸되어 가는 것

7-35
태어남이 실제 따로이 있는 것처럼 인식한다
그러나 그것은 단지 어머니 태 안에서 나오는 것일 뿐
어머니 태 안에서나 태 안에 들어가기 전이나 등
눈으로 보이는 것으로만 인식하여 판단해서는 아니 된다

7-36
태 안에 있는 것이거나 태 안에 들어가기 전이거나
태 안에서 나온 것이거나 등의 모든 것은
따로이 있는 것이 아니고 습과 물질의 만남일 뿐이다
시작도 끝도 없는 시간 동안에 흘러왔음을 알아야 한다

7-37
그러므로 태어난다고 하는 것은 지칭일 뿐임을 알아라
어떠한 고정된 실체가 없이 일어나고 흐르는 현상일 뿐
본래 그 어디에도 따로이 태어난다는
고정된 어떠한 실체는 있지 아니함을 알아야 한다

7-38
태어남이란 흘러가는 흐름 가운데
한 부분에 불과함을 바르게 알고
그 어디에도 태어남으로 인한 괴로움의 실체가 없어
집착할 것이 없음을 알아야 한다

7-39
늙어 감이 실제 따로이 있는 것처럼 인식한다
그러나 그것은 순간순간 변하여 흘러가는 것으로
늙어 감은 늙어 감이 따로이 있다고 하는 인식의 생각일 뿐
단지 흘러가는 흐름임을 알아야 한다

7-40
어린아이 때나 젊음이 있다고 할 적에나
나이가 들었다고 할 적에나 이것들은
시간의 흐름 속에 잠시 있는 것처럼 인식될 뿐
모든 과정은 흘러가는 흐름 가운데 한 부분이다

7-41

그러므로 늙어 간다 하는 것은 말의 지칭일 뿐
고정된 실체가 없이 흘러가며 변하여 가는 현상이다
본래 그 어디에도 따로이 늙어 간다고 하는
고정된 실체가 있지 아니하다

7-42

그러므로 늙어 감이란 흘러가는 흐름 가운데
한 부분에 불과함을 바르게 알고
그 어디에도 늙어 감으로 인한 괴로움의 실체가 없어
집착할 것이 없음을 알아야 한다

7-43

아픔이 실제 따로이 있는 것처럼 인식한다
그리하여 아픔이 있다 하여 슬퍼하고 고통스러워 한다
아픔이 따로이 있다고 하는 것은 의식의 습에 의한 집착일 뿐
단지 흘러가면서 자극되어지는 흐름임을 알아야 한다

7-44

아픔이란 단지 순간순간 변하여 가면서
일어나고 멸하여 자극되는 현상일 뿐
본래 그 어디에도 따로이 아픔이라는
고정된 실체가 있지 아니하다

7-45
그러므로 아픔이란
흘러가는 흐름 가운데 한 부분임을 바르게 알고
그 어디에도 아픔의 괴로움은 따로이 실체가 없어서
집착할 것이 없음을 알아야 한다

7-46
죽음이 실제 따로이 있는 것처럼 인식한다
그리하여 죽음이 올 것에 대하여 두려워한다
죽음이 따로이 있다고 하는 것은 생각의 의식일 뿐
죽음 또한 흘러감의 흐르는 한 부분임을 알아야 한다

7-47
과거의 육체는 이미 변하여 흩어졌으며
의식 또한 순간순간 흐르며 사라져 가버렸다
본래 그 어디에도 따로이 죽음이라는
고정된 실체가 있지 아니하다

7-48
흔히 고정된 생각의 죽음이란 육체와 습의 분리일 뿐
그 어디에도 정하여진 죽음의 실체는 없다
육체는 항상 흙과 물과 불과 바람으로 흩어져 가고
의식은 습으로 인연되어 흘러감이다

7-49
이와 같이 죽음이라고 하는 것 또한
흘러가는 흐름 가운데 하나의 현상일 뿐
그 어디에도 죽음이라고 하는 괴로움의 실체는 따로이 없다
그러므로 죽음에 대하여 집착할 것이 없음을 알아야 한다

7-50
사랑하는 이와 헤어짐이 따로이 실제 있다고 인식한다
사랑이라고 하는 것이 그 어느 곳에 있는가
단지 생각의 집착일 뿐 그 어디에도 사랑의 실체는 없다
단지 흘러가면서 상대하여 일어나는 작용일 뿐이다

7-51
이와 같이 사랑 이별 등은 단지 상대하여 일어난 현상일 뿐
그 어디에도 따로이 고정되어 있지 아니하다
사랑한다 헤어진다 하는 것은 그 실체가 있지 않음이라
상대함에서 일어난 있다고 하는 착각일 뿐이다

7-52
이와 같이 사랑한다 이별한다 하는 것도
상대하여 흘러가는 흐름 가운데 하나의 현상으로서
그 어디에도 사랑 이별이라는 괴로움은 따로이 없다
그러므로 집착할 것이 없음을 알아야 한다

7-53
미워하는 것이 실제 따로이 있다고 인식한다
왜 미워하는 것이 일어나고 있는지 사유해 보아라
그것은 '나'가 있다고 하고 '너'가 있다고 하는
상대함의 관념에서 일어난 것임을 알 수가 있을 것이다

7-54
'나'가 고정됨이 있지 않음을 안다면 '너'도 없음이다
'나'가 없고 '너'가 없어서 분별하는 상대함이 사라지면
미워하는 것이 따로이 없어서 시비와 다툼도 없다
단지 있음에 의한 상대함에서 일어난 작용이다

7-55
이와 같이 미워함의 원수라고 하는 것도
상대하여 흘러가며 일어난 현상일 뿐
그 어디에도 미워함에 대한 따로이 괴로움은 없다
그러므로 미워함이라는 것에 대해 집착할 것이 없음이라

7-56
구할래야 구할 수 없음이 따로이 있다고 인식한다
구한다는 것은 '나'가 있음으로 인한 채우기 위한
욕망에서 오는 것이다
'나'가 없으면 구할 것도 없음이라

7-57
'나'가 고정된 어떠한 실체가 없음을 알고
모든 것이 항상하지 않음을 알고
모든 것은 흘러가는 것임을 안다면
'나'가 있음으로 인한 욕망의 구함도 일어나지 않을 것이다

7-58
이와 같이 구한다 하는 것도
상대하여 일어난 욕망의 흘러가는 현상일 뿐
이를 알아 구한다는 집착이 사라지면
따로이 구함에 의한 괴로움의 실체가 없음을 알 것이다

7-59
모든 것이 소멸되어 감이 따로이 있다고 인식한다
모든 것은 조금도 머무름 없이 흘러가는 것임을 알아야 한다
그러므로 그 어느 것도 이것이다 할 것이 없음이라
단지 모든 것은 흘러가는 흐름의 현상일 뿐이다

7-60
이와 같이 모든 것은 흘러가는 흐름의 하나일 뿐임을
바르게 안다면 소멸되어짐에 슬퍼하거나 함이 사라져
그 어디에도 따로이 소멸로 인한 괴로움이 있지 않아
집착함의 괴로움이 있지 않을 것이다

7-61
세 번째 뜻을 관찰하고 사유하는 방법에는
자신의 뜻과 타인의 뜻을 깊이 관찰하고 사유하여
그 어디에도 뜻이 항상함이 있지 않음을 알고
다만 흘러가는 현상일 뿐임을 아는 것이다

7-62
어떤 이들은 이와 같이 고집한다
이것은 나의 생각이다
이것은 나의 주장이다
이것은 나의 의견이다

7-63
자기의 생각이다 하는 것이 항상한가?
자기의 주장이다 하는 것이 항상한가?
자기의 의견이다 하는 것이 항상한가?
이와 같은 것들의 뜻을 깊이 살펴보아야 한다

7-64
자신의 생각이다 하는 것
자신의 주장이다 하는 것
자신의 의견이다 하는 것 등을 살펴보면
모두가 자기가 있다 함의 관념의 그림자이다

7-65
'나'라고 하는 물질로 된 육체와 의식도 변하여 가는데
하물며 생각 주장 의견 등의 뜻의 따위야
자신의 있다 함의 관념의 그림자가 있다고 하는 것
그 얼마나 허망한 일이 아닌가

7-66
마치 달빛에 비친 자신의 그림자를
영원히 있다고 고집하는 것과 같음이라
물질인 육체도 변하여 가고 달과 달빛도 흘러가는 것인데
그 빛에 의한 그림자는 그 얼마나 허망한가

7-67
이와 같이 자신의 뜻과 타인의 뜻을 사유하는 것은
뜻이란 항상함이 있지 아니하고 단지 흘러가는 것이므로
이와 같다고 고집하고 주장하여 시비 분별하여서 일어난
괴로움의 고통에서 벗어나기 위한 것이다

7-68
네 번째 법을 관찰하고 사유하는 방법에는
법이란 물이 흘러가는 것과 같이
모든 이치들이 흘러가는 현상들을 말한다
물질이 변하여 가고 의식의 흘러가는 것 모두 법이다

7-69
물질인 육체도 변화하여 흘러가고
모든 괴로움도 변화하여 흘러가고
모든 뜻들도 변화하여 흘러가 버린다
따라서 모든 법 또한 변화하여 흘러가 버린다

7-70
이와 같이 모든 법이라고 하는 것은 흐름이다
이를 깊이 관찰하고 사유하여
육체도 괴로움도 뜻도 고정되어 있는 것이 없음을 알아서
모든 법이라고 하는 것 또한 흘러가는 것임을 아는 것이다

7-71
마치 콩자루의 콩을 하나하나 세어 나가듯이
소나무 숲에 떨어진 바늘을 찾듯이
자신의 법이라고 하는 것과 타인의 법이라고 하는 것을 알아서
그 어디에도 따로이 고정되어 있는 법이 없음을 알아야 한다

7-72
자신의 육체와 타인의 육체를 관찰하는 것은
물질로 된 육체를 바르게 보아 본래의 모습을 알고
육체의 모습이 고정된 실체가 없음을 알고
단지 흘러가는 일시적 모임의 현상임을 아는 것이다

7-73
자신의 괴로움과 타인의 괴로움을 관찰하는 것은
괴로움의 실체를 바르게 보아 본래의 모습을 알고
괴로움이 따로이 고정된 실체가 없음을 알고
단지 흘러가는 일시적 모임의 현상임을 아는 것이다

7-74
자신의 뜻과 타인의 뜻을 관찰하고 사유하는 것은
뜻의 실체를 바르게 보아 본래 모습을 알고
뜻이 따로이 고정된 실체가 없음을 알고
단지 흘러가는 일시적 모임의 현상임을 아는 것이다

7-75
자신의 법과 타인의 법을 관찰하고 사유하는 것은
법의 실체를 바르게 보아 본래 모습을 알고
법이 따로이 고정된 실체가 없음을 알고
단지 흘러가는 일시적 모임의 현상임을 아는 것이다

7-76
자신과 타인의 몸을 관찰하여 괴로움의 덩어리임을 알고
자신과 타인의 괴로움을 사유하여 괴로움의 실체가 없음을 알고
자신과 타인의 뜻을 사유하여 뜻이 항상함이 없음을 알고
자신과 타인의 법을 사유하여 법이 텅 비어 있음을 아는 것이다

7-77
보리의 행을 실천하는 보리행자는
가정지어 있음으로 인한 분별심에 빠져서
욕망과 집착함에 고통받지 말고
깊이 관찰하고 사유하여 괴로움의 고통에서 벗어나야 한다

7-78
지각하고 지각하는 나와 남의 몸의 실체를 알고
찰나 찰나 일어나고 사라지는 괴로움의 실체를 알고
각각의 분별들로 일어나는 뜻의 실체를 알고
옳고 그름의 갖가지의 생멸하는 법의 실체를 앎이라

7-79
자세하고 자세하게 세밀하고 세밀하게
가시밭길의 숲을 헤쳐 가면서 가듯이
다른 무상한 것에 대한 생각이 없이 관찰하고 사유하여
그 어느 것도 따로이 고정된 실체가 없음을 아는 것이다

7-80
육체가 괴로움의 무더기임을 아는 것에 삼매에 들고
괴로움의 실체가 있지 않음을 아는 것에 삼매에 들고
뜻이 항상함이 있지 않음을 아는 것에 삼매에 들고
법이 텅비어 흘러가는 것임을 아는 것에 삼매에 들어감이라

7-81
그리하여서 스스로도 괴로움의 윤회에서 벗어나고
다른 이도 괴로움의 윤회에서 벗어나게 하여
큰 보리의 행을 실천하는
보리행자가 되어야 한다

7-82
곧장 들어가는 본래 성품에 대하여 궁금함을 푸는 문은
괴로움 덩어리인 육체를 움직이는 것
순간순간 인식하여 괴로움을 만들어 내는 것
상대하여 시비하고 분별하는 것

7-83
행위도 하고, 멈추기도 하고, 앉기도 하고
누워 잠도 자고, 말도 하고, 침묵도 하고
움직이기도 하고, 머무르기도 하는 것
도저히 사량하고 분별로써는 헤아려 알 수가 없는 것

7-84
몸을 움직여 행동한다 무엇이 하는가
괴로움의 고통을 받는다 무엇이 하는가
인식하고 의식한다 무엇이 하는가
사량하고 분별한다 무엇이 하는가

7-85
단지 그냥 가정지어 내가 모든 것을 한다
내가 괴로워하고 내가 인식하고 내가 의식한다
내가 사량하고 내가 분별한다 둘러서 말하지 말고
그 '나'라고 하는 진실한 실체를 알려고 하여야 한다

7-86
'나'라고 하면서 '나'라고 하는 본래의 성품을 알지 못해
천지가 무너지고 땅이 꺼지는 답답함을 일으켜서
그 '나'라고 하는 본래의 성품에 대하여 알려고 함에
궁금하고 궁금함을 내어야 한다

7-87
이에 본래의 성품을 앎에 간절히 신명을 다하고
본래 성품을 앎에 온 힘을 다하여야 한다
그리고 많은 분들이 이미 괴로움의 강을 건너갔음이라
아직도 괴로움의 고통 속에 있음에

7-88
부끄러워하고 한탄할 일임을 알아야 한다
본래의 성품을 바르게 알아 들어가면
괴로움에서 벗어날 수 있음을 알아
본래 성품을 알고자 함에 모든 힘을 다하여야 한다

7-89
괴로움의 고통 속에 있으면서도 벗어나지 못함에
자신이 얼마나 무지하고 어리석음 속에 있는지
슬퍼하고 슬퍼하여 모든 항상하지 않은 것들을 잊고
오직 그 본래 성품을 아는 것에 궁금함의 삼매에 들 뿐이다

7-90
오직 육체의 덩어리가 있음으로 인하여 고통 받고
의식에 일어남에 의한 것과
순간순간의 느낌, 생각, 행동으로 인한 괴로움에서
벗어나기 위해 본래 성품에 대해 궁금함을 낼 것이다

7-91
마치 먼 길을 힘겹게 가던 나그네가 어두움이 오고
배고픔과 목마름에 지쳐서 고통받을 적에
한 가닥의 불빛을 보고 찾아가듯이
하나의 간절한 믿음으로 따라가야 한다

7-92
한 생각 일어나고 한 생각 멸하면서
생겨나고 멸하여 가는 괴로움의 번뇌의 쓰레기들
그 괴로움의 생멸하는 굴레에서 벗어나는 것은
주인공을 찾아 한 생각을 뚫고 들어가는 길임을 알아야 한다

7-93
다른 어떠한 것도 항상한 것들이 아님을 알고
생각이 일어나고 생각이 멸하는 번뇌의 파도를 잠들이하여
하나의 생각을 뚫고 들어갈 뿐이다
성문을 들어갈 때 오직 하나의 문을 뚫듯이 함이라

7-94
한 생각 일어나고 멸하는 것이 태어나고 죽는 것임을 알아
생각이 일어나고 생각이 멸하여 감에 있어서
그 생각의 번뇌의 쓰레기들에 끌려가지 말고
오직 본래 성품을 알고자 하는 생각만을 둘 것이다

7-95
오직 한 가지 생각이 다하여 온전한 한가득이 되면
무상한 모든 일어나고 멸하는 것들이 사라져서
파도가 사라진 호수처럼 고요하여질 것이다
그와 같음에 이르는 것을 고요함의 경지라 이른다

7-96
그러나 단지 고요함에 집착하여 머물러서는 안 된다
마치 고요한 바다만 보고 있으면 아니 되고
삶의 일을 하기 위하여 배를 띄우듯이
하나의 생각을 잡으러 삼매의 배를 띄워야 한다

7-97
화살이 한 점의 과녁을 향하여
바람의 걸림을 뚫고 나아가듯이
온갖 번뇌의 바람들을 뚫고 나아가서
오직 괴로움의 윤회에서 완전히 벗어남에 이를 것이다

7-98
이에 본래 성품을 알기 위한 삼매에 들기 위해서는
세 가지의 큰 힘을 내어야 하나니
큰 의심과 큰 분심과 큰 용맹심이다
전쟁터에서 오직 적의 성문을 열겠다는 일념의 힘이다

7-99
큰 의심이란
본래 성품이 과연 무엇이란 말인가
알지 못함에 답답하여 견딜 수가 없음이라
마치 귀중한 것을 잃어버린 곳을 알고자 하듯이 함이라

7-100
큰 분심이란
지난 세월 괴로움의 고통에 빠져 있었음이 얼마이며
이 간절한 본래 성품을 알지 못하면 앞으로 받을
괴로움의 무게가 얼마나 무거울까 하는 것이다

7-101
큰 용맹심이란
많은 분들은 이미 괴로움의 바다를 건너갔는데
나는 어찌하여 아직도 괴로움에서 허덕이고 있는가
하루속히 괴로움의 윤회에서 벗어나기를 힘을 다함이라

7-102
이 더러운 몸이 순간순간 썩어 가는 것임을 알고
이 목숨이 숨 한 번 멈추면 그만임을 알고
그동안 진실한 가르침을 만나고도 그냥 스쳐 갔음을 알고
헛된 것들에 집착하여 시비와 분별로 허비하였음을 알고

7-103
잠시 잠깐 항상하지 않은 꿈속에서 깨어났음이라
한번 실각하면 다시 어느 때에 만날 것인가
이 몸 지금 괴로움의 윤회에서 건지지 못한다면
다시 어느 때를 기약할 수 있을 것인가

7-104
괴로움의 윤회에 빠져 헐떡이고 있음에 대하여
큰 의심과 큰 분심과 큰 용맹심을 일으켜서
불 속에 있는 자가 불 속에서 뛰어나오듯이
하루속히 급하고 급하게 벗어나야 함이라

7-105
어찌 불타는 집에서
아무리 좋은 그림도 눈에 들어올 수 있겠는가
어떠한 맛있는 진수성찬도 맛이 있을 수 있겠는가
한시바삐 불 속에서 나와야 함을 알아야 한다

7-106
삼계가 불타고 있는 집인데
어리석은 이들은 좋은 방 차지하려 바쁘고 다투고
몸과 얼굴에 분칠하기 바쁨에 동분서주한다
하루속히 삼계의 불타는 집에서 나와야 한다

7-107
바람이 불면 떨어지고 말 이슬 같은 목숨
바람이 불면 꺼지고 말 등불 같은 목숨
비가 오면 지워지고 말 발자국 같은 목숨
이와같은 목숨인데어찌 한가로이있을수 있단 말인가

7-108
어찌 파도치는 바다에서
좋은 음악이 아름답게 들리리요
어찌 쫓기는 몸이
좋은 옷과 좋은 장신구가 아름다울 수 있을 것인가

7-109
번뇌와 식욕과 성욕과 수면욕의 거친 파도가
끊임없이 오고 가는데 즐거움 좇는 일만 더하고
괴로움에 쫓기는 초라한 몸에 화려함을 자랑하는가
아! 가련하고 가련한 일이 아니런가

7-110
자신이 삼계의 불타고 있는 집에 있음을 알고
줄어드는 물 속의 물고기처럼 목숨이 경각에 있음을 알고
번뇌, 식욕, 성욕, 수면욕의 파도에 떠다니고 있음을 알고
괴로움과 공포와 두려움에 쫓기고 있음을 알아야 한다

7-111
항상함이 없는 일들을 알고자 함에는
오랜 시간과 모든 노력을 다하여 힘을 다 하지만
괴로움의 고통에서 벗어나는 간절한 가르침에는
서산에 지는 저녁노을 감상하듯이 한다

7-112
일 가운데 가장 시급한 일은 태어나고 죽음에 의한
괴로움의 윤회에서 벗어나는 일임을 알아야 한다
바깥의 상대함에서 오는 어떠한 일도 괴로움의 씨앗이니
성문을 닫듯 굳게 닫아야 함을 알아야 한다

7-113
천하 모든 재물의 주인이 된다 하여도
천하 모든 명예의 주인이 된다 하여도
천하 모든 권력의 주인이 된다 하여도
봄비에 떨어지고 마는 꽃잎과 같음을 알아야 한다

7-114
재물을 봄에는 더러운 오물처럼 보고
명예를 봄에는 썩어가는 꽃잎처럼 보고
권력을 봄에는 녹슬은 칼처럼 보아야 한다
괴로움 소멸을 가르치는 이 신명을 다하여 받들어라

7-115
한 끼 먹을 음식의 재물이 없다 하여도 걱정 마라
더러움에 빠지는 멸시와 비난을 받아도 걱정 마라
촛불 하나 끌 수 있는 권력이 없어도 걱정 마라
모든 것은 흘러가는 봄날의 꿈과 같은 것이다

7-116
오직 괴로움의 번뇌가 일어나고 멸하는 것을
잡도리하여 누를 것이러니
천하의 것 중에 괴로움이 완전히 소멸되고
생겨남과 멸함의 파도에서 벗어남이 최상이라

7-117
어떤 이들은 자기를 찾으라 한다
어찌 나라고 하는 실체가 있지 아니한데
나를 찾으라 하는 것은 허공의 크기를 재라 함과 같다
결코 잴 수 없음과 같아서 찾을 수가 없음이라

7-118
어떤 이들은 마음을 구하라 한다
마음이라 인식되어지는것은 실체가 있는 것이 아니다
이와 같은 것이 마음이다 하는 것은
단지 상대하여 일어난 마음의 갖가지의 그림자이다

7-119
나를 찾으라 하는 것과
마음을 구하라 하는 것 등은
실체가 없음을 알지 못하고 하는 말이다
마치 어떠한 실체가 있는 것과 같이 이야기한다

7-120
지혜로운 이는 찾으려 하거나
구하려 하지 아니한다
찾으려 하거나 구하려 하거나 하는 것 등은
있음으로부터 있음을 말하는 것 뿐이다

7-121
그러므로 육체와 괴로움과 뜻과 법의 실체를 보고
그것들이 어떠한 모습인지 실상을 보아야 하는 것이다
그리고 참으로 육체의 행동을 하고 의식하는 것들이
무엇인지 관찰하고 사유하여 보아라 하는 것이다

7-122
만약 물고기에게 물을 찾으라 하면
찾을 수가 있겠는가
하늘에 날아가는 새에게 허공을 찾으라 하면
찾을 수 있겠는가

7-123
이와 같이 마음이라고 하는 것도 찾는다 구한다
하는 것은 있을 수 없는 일임을 알아야 한다
보고 느끼고 움직이고 멈추고 함에
단지 작용하여 쓰이는 것을 사유하여 알 뿐이다

7-124
그래도 있음과 없음의 양단에 오래 치우쳐 있음에
이 양단을 없애기 위하여 먼저 육체와 괴로움과 뜻과
법의 실체를 바르게 관찰하고 사유하여 보라는 것이다
본래 성품이 어떠한 것인지 보고 알아라 하는 것이다

7-125
기쁜 마음이다 이는 기쁨과 상대하여
일어나는 마음의 기쁜 그림자요
슬픈 마음이다 이는 슬픔과 상대하여
일어나는 마음의 슬픈 그림자이다

7-126
좋은 마음이다 이는 좋은 것과 상대하여
일어나는 마음의 좋은 그림자요
나쁜 마음이다 이는 나쁜 것과 상대하여
일어나는 마음의 나쁜 그림자이다

7-127
달빛이다 이는 달이 빛과 상대하여
일어난 달의 빛이지 달도 아니요 빛도 아니다
달빛은 달이나 빛이 아니어서 달빛이라 하는 것이다
이처럼 마음에 비친 그림자여서 마음 그림자라 한다

7-128
하늘에 구름이 사라지면 햇빛이 드러나듯이
바람이 사라지면 고요함이 드러나듯이
습과 몸의 상대함이 사라지면 본 성품이 드러나고
상대하여 작용함이 사라지면 어두움이 사라진다

7-129
깨달음이라고 하는 것은 정해짐이 없음이요
어떠한 있다 하는 고정된 실체가 있지 아니하여야
괴로움이 생겨나지 아니한다
괴로움이 생겨남이 없음이 깨달음 자리이다

7-130
일체 어느 것에도 걸림이 없음이 깨달음이요
그 어느 것도 생겨남이나 멸함이 없이
일체의 모든 항상하지 않은 것에서 벗어난 것이
깨달음임을 바르게 알고 실천하여야 한다

7-131
어떠한 '나'를 찾거나 구한다 하면은 '나'가 있어서
또 하나의 '나'가 있음의 법을 세우는 것이니
허공에 점을 찍어 이것이 허공이다 하거나
바람이 불어 파도가 일어남이 바다라 함과 같다

7-132
그리고 어리석은 이가 그릇된 견해를 일으켜서
허공에는 본래 동서남북이 없지만 있다 하여
동으로 가야 한다 서로 가야 한다 현혹하여
자신도 미혹되고 남도 미혹되게 함과 같음이라

7-133
사랑하여 좋다고 하는 것도
미워하여 나쁘다 하는 것도
상대하여 일어나는 마음의 그림자 장난이다
상대함이 사라지면 마음의 그림자도 사라진다

7-134
쉼 없이 끊임없이 갈구하고 채우려 하는 것도
잠시도 머무르고 고요하지 못하는 것도
상대하여 일어나는 마음의 그림자 장난이다
그것들을 상대하여 일어나지 않게 할 뿐이다

7-135
행동하는 것도 머무르는 것도
말하고 침묵하고 시비하고 분별하는 것도
상대하여 일어나는 마음의 그림자 장난이다
그것들을 상대하여 일어나지 않게 할 뿐이다

7-136
보고 듣고 냄새 맡고 맛을 느끼는 것
감각하고 의식하는 모든 것
상대하여 일어나는 마음의 그림자 장난이다
그것들을 상대하여 일어나지 않게 할 뿐이다

7-137
몸과 느낌과 생각과 행동과 의식들이
서로 상대하여 '나'가 있다고 주장한다
상대하여 일어나는 마음의 그림자 장난이다
그것들을 상대하여 일어나지 않게 할 뿐이다

7-138
상대하여 일어나는 갖가지의
마음 그림자 장난에 놀아나지 말고
마음의 그림자의 실체를 바르게 알고
그것들로부터의 꼭두각시 놀음에서 벗어나야 한다

7-139
상대하여 일어나는 갖가지의
마음 그림자에 의하여 분별하고 시비하여
괴로움의 고통에 빠져 있는
삶 속에서 속히 벗어나야 함이라

7-140
어리석은 자들은 자신의 실체도 모르면서
이것이 자신이다 라고 고집하고 집착한다
또한 허망한 마음 그림자의 장난에 괴로워한다
참으로 얼마나 안타까운 일인가

7-141
오직 본래 성품에 대하여 알고자 함을 일으켜서
상대하여 일어나는 마음의 그림자 장난을 멈추고
상대하여 일어나는 마음의 그림자를 항복 받는 일이
가장 시급하고 가장 중요함을 알아야 한다

7-142
본래 성품에 대해 궁금한 것을 뚫어 해결하는 것이
괴로움의 고통에서 벗어나는 길임을 알아서
크게 의심하고 크게 분심하고 크게 용맹심을 내어서
단박에 삼매의 경지에 들어 괴로움의 윤회에서
벗어나야 함이다

7-143
다시 한번 괴로움 해결의 삼매에 드는 길을 말하노니
자신과 타인의 육체가 괴로움 덩어리임을 알고
자신과 타인의 괴로움은 실체가 없음을 알고
자신과 타인의 뜻의 성질이 항상하지 않음을 알고

7-144
자신과 타인의 법의 성품이 텅 비어 있음을 알고
그 어느 것도 집착할 것이 없음을 알아야 한다
그리고 본래 성품을 아는 것이
괴로움의 완전한 소멸로 가는 길임을 알아야 한다

7-145
불난 집에서 나갈 문을 찾듯이
떠내려가는 나무 토막 위에서 벗어날 방법을 찾듯이
일념 일념으로 본래 성품이 무엇인가 보는 것에
늙은이가 삼대독자 아기 가져 몸 보호하듯 지켜야 한다

7-146
본래 성품에 대한 한 생각을 놓쳐서 번뇌에 휩쓸리면
불난 집에서 나갈 문을 잊어버린 듯
떠내려가는 나무토막에서 정신을 잃어버린 듯하여
번뇌의 불과 욕망의 구렁텅이에 빠짐을 알아야 한다

7-147
다행히도 인간의 몸을 받아
육근이 청정함에 있고
성인과 선지식들의 큰 가르침을 만났으나
실체가 없는 이 몸 언제 깨어져 부서질지 모름이라

7-148
벌과 개미들의 삶들을 우습게 보지 마라
재물과 명예와 권력에 일희일비하는
욕망에 싸인 자의 모습은 이것들과 매한가지라
속히 항상하지 않은 것들에서 벗어나야 함이니라

7-149
좋은 옷 입었다고 자랑하지 마라
좋은 집에 산다고 자랑하지 마라
지난 시간 신속이라 앞으로의 시간 또한 신속이라
모든 것은 상대하여 일어나는 마음 그림자 장난이다

7-150
썩어 갈 몸을 가지고 썩어 갈 음식들을 먹어 가면서
무리 지어 모여서 남의 허물이나 이야기 꽃 피운다면
세세생생 물거품 위에서 두려움에 떨면서 살리라
그 얼마나 두렵고 안타까운 일이 아니런가

7-151
모든 것은 달팽이 뿔 위의 누각과 같고
닭 벼슬 위의 황금 관과 같은 것이며
허망하기 달무리 같은 것이러니 자랑할 것이 없다
있다 라고 하지만 사라지고 마는 것이다

7-152
차일피일 다음다음 하지 말고
발등에 불이 붙어 떼어 내듯
눈 속에 티끌이 있어 뽑아내듯이
오직 괴로움의 고통에서 벗어나는 일에 힘쓸 것이라

7-153
백만 대군의 적 가운데 있어서 헤어나오듯
번뇌와 식탐과 음욕과 수면욕과
외부와 상대하여 오는 잡다한 수많은 적들을 물리치고
괴로움의 고통 속에서 속히 나오기를 힘쓸 것이다

7-154
헛되이 많이 알려고만 하거나
헛되이 많이 안다고 자랑삼지 말아라
물에 빠진 자가 오직 한 가닥의 강한 줄이 필요하듯
오직 한가지 본래 성품에 궁금함을 뚫어감에 다함이라

7-155
있음에 빠져 있음에 놀아나는 자는
상대하여 일어나는 마음 그림자 장난에
놀아나는 꼭두각시의 삶임을 알아
하루속히 허망한 마음의 그림자에서 벗어나야 한다

7-156
삼매는 마음의 그림자 장난에서 벗어나는 길이다
그리하여 생겨남과 멸하는 것을 없애주고
무명의 어두움에서 밝음으로 가는 등불이다
그리하여 괴로움의 윤회에서 벗어나게 하는 길이다

7-157
있다고 주장하고 고집하는 것들은
모두 허깨비의 그림자와 같은 것이니
그 어느 것도 집착할 것이 없음을 알아
단박에 삼매의 경지에 견고히 이르기를 하여야 한다

7-158
삼매의 경지에 들어 흔들림이 없이
모양을 벗어난 텅 빔의 칼을 들어
있다 하는 것들을 단칼에 멸함으로써
분별로 인한 괴로움을 모두 소멸하여야 한다

7-159
모양이 있음으로 인하여 생과 사의 윤회에 시달렸으니
항상한 것이 있지 않음을 체득하여
텅 빔의 성품자리에 삼매의 경지로서 머물러
괴로움의 완전한 소멸을 이루기를 하여야 한다

7-160
보리의 행을 실천하는 보리행자는
삼매가 이와 같음을 깊이 알아
오직 삼매의 길에 들기를 힘쓸 것이며
다른 항상하지 아니한 것들은 바라보지 마라

7-161
보리의 행을 실천하는 보리행자는
괴로움이 완전히 소멸된 삼매의 자리에 들어
가없는 자비의 행과 가없는 보리의 행을 실천하여
모든 이가 괴로움의 고통에서 벗어나게 하기를 하여야 한다

7-162
보리의 행을 실천하는 보리행자여
나비와 벌들이 아름답고 화려한 꽃을 찾아가듯이
모든 괴로움이 완전히 소멸되어 다시는 윤회의 고통을
받지 않는 삼매의 꽃밭인 본래 성품의 자리에 들어가라

여덟 번째 장

큰 보리의 행을 실천하는 길

괴로움의 윤회에서 벗어나기 위한 실천의 행이다
스스로도 괴로움의 윤회에서 벗어나고
다른 이들도 괴로움에서 벗어나게 하기 위한
보리행을 실천하는 이가 하여야 할 장이다

8-1
세상에는 수많은 생명을 가진 것들이 있다
그 가운데 사람의 몸을 받았다
그리고 보고 듣고 냄새 맡고 맛을 보고
몸으로 느끼고 관찰하고 사유할 수 있음이라

8-2
그리고 성인 가운데 성인이신 분의 가르침을
귀하디 귀하게 만났다
그리고 선지식들의 간절한 가르침 얼마나 희유한가
이 얼마나 천행 중 다행이지 아니한가

8-3
사람의 몸 받기는 가히 불가사의함이요
바른 법 만나기는 더욱더 어려움이라
가히 불가사의한 보물을 얻었는데
어찌 헛되이 함부로 보낼 수 있을 것인가

8-4
다행히도 전생의 선근 공덕이 조금 있어서
이와 같은 인연의 기회를 얻었으니
이 인연 한번 잃어버리면 천겁 만겁 만나기 어려움이라
신명을 다하여 실천하여서 괴로움의 윤회를 끊으리라

8-5
순간순간 변하여 가는 허망한 육체에 끄달리고
순간순간 파도치는 의식의 그림자에 끄달리고
잠시 잠깐의 달콤함들에 빠져서
괴로움에 헤매이면서도 그것을 미처 인식하지 못하였다

8-6
이제 모든 것이 괴로움의 덩어리이고
그 어느 것도 어떠한 실재함이 없음을 알고
그 어느 것도 항상한 것이 없음을 알았으니
욕망의 집착으로 인한 괴로움의 덩어리에서 벗어남이라

8-7
괴로움의 덩어리에서 벗어나기 위하여
성인과 선지식들의 가르침을 이치로써 살피어 알고
하나하나 행하고 쉼 없이 실천하여
괴로움의 완전한 소멸에 들어감이라

8-8
이에 괴로움의 윤회를 끊는 길에는
네 가지의 행하여 실천하는 길이 있으니
보리의 행을 실천하는 보리행자는
하나하나 바르게 알고 행하고 실천하여야 함이라

8-9
알맞음을 아는 무소유의 행
'나'가 없음을 아는 헌신의 행
진실한 것만 행하는 진실한 말의 행
무명에서 벗어나는 괴로움 소멸의 행이다

8-10
첫 번째 알맞음을 아는 무소유의 행은
주위를 보아라 이유 없이 너무 많은 것을 가지고 있다
재물과 명예와 권력 등 그리고 알고 있다는 것 등
참으로 필요하고 자신을 위한 것들인가

8-11
이에 알맞음을 아는 무소유의 행에는
상대성에서 오는 무소유와
자신의 안에서 일어나는 것에 대한 무소유다
욕망의 늪에서 벗어나기 위한 것이다

8-12
상대성에서 오는 것에 대한 무소유는
재물과 명예와 권력 등의 상대성에서 오는 것으로
이것들이 얼마나 허망한지 실상을 바르게 알아서
그것들로부터의 얽매임에서 벗어나야 함이다

8-13
아무리 많은 지식과 앎이 있다 하여도
아무리 겉모양이 훌륭하다 하여도
무소유가 아니면 늑대가 양의 탈을 쓴 것과 같아서
결국에는 그것들로부터 해를 입는다

8-14
수행자가 지녀야 할 최상의 근본은 무소유의 행이다
무소유는 수행을 함에 있어서의 척도요
무소유가 없는 이는 동으로 가려하나 서로 감이라
결코 괴로움의 윤회에서 벗어날 수가 없음이라

8-15
무소유의 행이 없는 자는
'나'가 있다는 관념을 가진 자로
'나'가 있으니 '나'를 위하여 욕망의 소유욕을 내는 자이다
그러하니 수행을 하는 이라 할 수 없음이라

8-16
무소유의 행이 없는 자는
'나'가 있다는 관념을 가진 자로
'나'가 있으니 기쁨과 행복이 있어 괴로움을 모르는 자이다
그러하니 수행을 하는 이라 할 수 없음이라

8-17
무소유의 행이 없는 자는
모든 것이 항상하다는 관념을 가진 자로
소유한다 함은 항상하지 않음을 알지 못하는 자이다
그러하니 수행을 하는 이라 할 수 없음이라

8-18
스스로나 타인이나 무소유가 아니면
수행을 하고 있지 않다고 함을 바르게 알아야 한다
이와 같음을 자세히 살펴보고 알아서
수행을 하여야 바른 수행을 할 수 있음이다

8-19
두 번째는 '나'가 있지 않음을 아는 헌신의 행이다
어떠한 고정된 '나'가 있다 함으로 아만심이 일어나고
아만심은 모든 것을 있음으로 세우게 됨이니
있음은 곧 시비 분별과 괴로움의 근본이다

8-20
이에 어떠한 고정된 '나'가 있지 않음을 아는 헌신의 행에는
자신에게 헌신함이요
바깥의 모든 이에게 헌신을 함이다
'나'가 있다 하는 아만심을 없애기 위함이다

8-21
자신에게 헌신함에는
지난 헤아릴 수 없는 시간 동안 욕망에 의하여
괴로움에 있었음에 깊이 참회하고
속히 괴로움의 윤회에서 벗어나게 하여야 함이다

8-22
이 세상에서 가장 소중한 것은 자신이다
그런데 그 자신을 항상하지 않은 것들에
상대하여 괴로움의 고통 속에 빠져 있으니
스스로에게 미안하고 미안하지 아니한가

8-23
그 자신을 위하여 항상하지 않은 것들에서
속히 벗어날 수 있도록 하여야 한다
옷에 더러움이 묻었음에 신속히 깨끗이 함과 같이
자신의 몸에 쌓여 있는 욕망의 더러움을 씻을 것이다

8-24
외부의 모든 이에게 헌신을 함에는
진리 알게 하여 주신 성인과
모든 진리의 가르침들과
모든 괴로움을 벗어나기 위하여 수행하는 이들께 함이라

8-25
그리고 지난 시간 동안에 모든 인연 있는 이들과
지금 순간순간 인연 있는 이들과
앞으로 다가올 인연 있는 이들에게
감사와 고마움을 항상하여야 함이다

8-26
헌신의 행에는
자신이 가지고 있는 어떠한 것도 나누어 주고
자신이 필요하다고 하여도 주어야 하고
없으면 구하여서라도 주려고 하는 신명을 다하여야 한다

8-27
아무리 큰 바위도 자신을 태울 수가 없어
빛을 낼 수가 없으므로 세상을 밝힐 수가 없다
그러나 아무리 작은 양초라도 온몸을 태우니
세상을 밝힐 수가 있는 것이다

8-28
아무리 값이 비싼 보석이라도 썩지 않으니
크고 새로운 것을 이룰 수가 없음이라
그러나 소나무 씨가 작아도 온몸을 썩게 하니
커다란 소나무를 키울 수 있는 것이다

8-29
이와 같이 자신을 태우거나 썩게 하는
희생의 헌신이 없는 이는
바위와 보석 같은 이로 타거나 썩음의 희생이 없어서
본 성품의 꽃을 피울 수가 없음이라

8-30
참다운 헌신이 있지 않은 이는
바위를 태워 빛을 내려 하거나
보석을 심어 싹이 나기를 바라는 것과 같아서
결코 걸림 없는 본래 성품을 드러낼 수가 없음이다

8-31
샘을 파지 아니하고 물을 얻을 수가 없으며
허리를 굽히지 아니하면 씨앗을 심을 수 없듯이
어떠한 아무런 힘들임이 없이 얻으려 하는 자는
어두움으로 울타리를 만듦과 같아서 괴로움에서
벗어날 수 없다

8-32
무엇을 알고 있다는 상을 내는 자는 알고 있다 함에 빠진 자요
나는 바르고 옳다 하는 자는 바르고 옳다는 상에 빠진 자이다
알고 있다 함에 빠진 자는 아만심이 높은 자요
바르고 옳다 함에 빠진 자는 자비심이 없는 자이다

8-33
보리의 행을 실천하는 보리행자는
알고 있다 함의 상에 빠져 있어서
아만심이 높고 자비심이 없는 자는
수행을 바르게 하지 않는 것임을 알아야 한다

8-34
세 번째는 진실한 진리만 행하는 진실한 말의 행이다
향기가 나고 바른 진리의 가르침만 생각하고
말을 한다 하여도 다 하지 못하거늘
허망되고 항상하지 않은 잡사를 생각하고 말하겠는가

8-35
말은 생각의 대변자이다
방 안의 빛이 창을 통하여 나옴을 보고 그 색을 알듯이
입에서 나오는 말의 모양에 따라 그의 생각을 알 수 있다
그러므로 세상의 허망되고 항상함이 없는 잡사는 말하지 말라

8-36
이에 진실한 말의 행에는
오직 괴로움 소명의 일만 생각하고
오직 괴로움 소멸로 가는 길만 말하는 것이다
그리하여야 청정하고 고요한 삼매에 들 수가 있다

8-37
오직 괴로움 소멸에 대한 일만 생각하는 것은
다른 모든 것은 항상함이 없음이요
바람이 불면 흩어질 뜬구름 같은 것이기 때문에
그 어느 것도 집착할 것이 없음을 알기 때문이다

8-38
오직 괴로움 소멸에 대한 일만 말하는 것은
시비와 분별을 일으키는 잡사는 말하지 아니하고
무상한 것들에 대하여서도 일체 말하지 아니하여
시비와 분별로 인한 번뇌로부터 벗어나기 위함이다

8-39
항상함이 없고 세상의 잡스러운 일들을 이야기함은
동으로 가려 하나 서로 감과 같고
곡식을 얻으려 하나 잡초를 키우는 것 같아서
항상 헐떡임과 시비 분별에 휘말린다

8-40
아무리 오랜 시간 동안 수행을 하였다 하더라도
세상의 잡사를 생각하고 말하는 것은
강의 다리를 연결하다 중도에 그만둠과 같아서
모든 것이 헛된 것으로 다시 돌아간다

8-41
세상의 항상하지 않은 것들을 말하고 생각하는 이는
마치 오물이 든 황금 통과 같음이라
결국 황금 통까지 썩게 되나니
이와 같음을 바르게 알아야 한다

8-42
보리의 행을 실천하는 보리행자는
세상의 잡사는 쓰레기처럼 멀리하고
세상의 잡사를 이야기하는 자와는
결코 가까이하지 말아야 할 것이다

8-43
네 번째는 무명에서 벗어나는 괴로움 소멸의 행이다
욕망으로 인하여 탐욕의 불길이 앞을 가리고
분노의 화가 몸을 태우고 어리석음의 안개가 쌓여
모든 것이 어두움의 굴속에 있음이라

8-44
번뇌의 파도 위에서 부평초처럼 떠다니고 있고
욕망의 불길 속에서 쫓겨다니고 있고
죽음의 사자가 항시 대기하고 있는데
어찌 밝은 것을 볼 수가 있다고 할 수 있겠는가

8-45
단 찰나도 어두움에 가려서 괴로움에서 벗어날 수가 없는데
세상의 항상함이 없는 일에 끌려가리요
스스로를 진실로 사랑하고 연민한다면
속히 괴로움의 고통 속에서 벗어나길 위함이다

8-46
이에 괴로움 소멸에 들어가는 행에는
외부의 상대하여 오는 항상함이 없는 인연들을 끊고
내 안의 욕망의 파도를 쉬는 것이다
그리하여야만 텅 빈 고요함의 지혜에 들어갈 수가 있다

8-47
상대하여 오는 항상함이 없는 인연들을 끊는 것은
있는 것처럼 보이는 것은 실제 정지되어 있음이 아님을 알고
모든 것은 단지 흘러가는 인연의 흐름으로
그 어느 것도 고집하고 취할 것이 없음을 알기 때문이다

8-48
내 안의 욕망의 파도를 쉬는 것은
본래 따로이 나라고 할 만한 것이 없음을 알고
모든 있다고 하는 것은 잠시 일어나고 멸하는 것임을 알고
그리고 모든 것이 텅 비어 있음을 아는 것이다

8-49
세상의 잡다한 인연에서 벗어나지 못함은
독이 묻은 가시 옷을 입고 있음과 같아서
언제 자신을 찔러 상처 입힐지 모른다
이와 같음을 알아 잡다한 인연들로부터 끊을 것이다

8-50
보리의 행을 실천하는 보리행자는
괴로움에서 고통 받고 있음을 잠시도 잊지 말고
숨 쉬고 걸음을 옮기고 말하는 것 등 모든 것이
괴로움임을 알고 벗어나기를 힘을 다하여야 한다

8-51
위와 같은 네 가지의 실천의 행은
괴로움에서 완전히 벗어나는 길로서
지붕을 오르는 사다리와 같고 바다를 건너는 배와 같음을 알아
하나하나 자세히 관찰하고 세밀히 사유하여 보아야 한다

8-52
어느 가난하고 배고픈 사람들이 살아가는
이웃하는 두 개의 마을에 두 사람이 살고 있었다
두 마을의 각각 두 사람이 먼 길을 다녀오다
훌륭한 먹을거리가 될 씨앗들을 보았다

8-53
한 사람은 자신에게 소중한 것들이지만 버리고
모든 마을 사람들을 위한 대자비심을 일으켜
씨앗을 짊어지고 와서 심고 수확하여 모든 이들을 허기짐에서
벗어나게 하였다 지혜로운 이의 행은 이와 같다

8-54
그러나 한 사람은 자신의 물건들을 자랑할 생각에 빠져
씨앗을 보고도 그냥 지나쳐 왔다
그 물건들은 얼마 지나지 않아 부서지고 사람들도 계속하여
허기지고 배고픔에 빠졌다 어리석은 이의 행은 이와 같다

8-55
보리의 행을 실천하는 보리행자는
항상함과 항상하지 않음을 알고
바른 길과 그른 길을 정확히 알고
무명의 어두움 속에서 속히 벗어나기를 다하여야 한다

8-56
보리의 행을 실천하는 보리행자는
잠시 잠깐의 즐거움이나 쾌락에 끌려서
길고 긴 괴로움의 윤회에서 받는 고통을 잊어서는 아니된다
모든 것이 괴로움의 씨앗임을 항시 잊어버려서는 아니된다

8-57
보리의 행을 실천하는 보리행자는
사람들의 칭찬 소리와 박수 소리는
자신을 괴로움으로 몰아 넣는 소리임을 알고
홀로 고요한 삼매의 길 만을 갈 뿐이다

8-58
보리의 행을 실천하는 보리행자는
모든 이들이 칭송하는 높은 곳에 앉아
부러움과 찬탄하는 것에 만족하여
꿈결 같은 시간들을 함부로 보내서는 아니 된다

8-59
높은 곳에 오르면 바람을 많이 타고
높은 자리에 앉으면 사람들의 인연이 많다
낮은 곳일수록 몸이 편안하고
낮은 자리일수록 마음이 고요하다

8-60
화려한 옷 달콤한 음식 칭찬의 박수 소리
영겁의 괴로움 윤회 받는 지름길임을 알고
떨어진 옷 메마른 음식 비난의 소리
인연 끊어 괴로움 소멸에 드는 첩경임을 알아라

8-61
보리의 행을 실천하는 보리행자여
모든 것이 괴로움이요 모든 것이 항상하지 않음이요
그 어떠한 실체가 없음을 깊이 알아
본래의 성품이 무엇인지 알고자 함에 다하여야 한다

8-62
보리의 행을 실천하는 보리행자는
모든 이들이 외면하는 가시덤불 속에 앉아
항상함이 없음을 친구 삼고 텅 빔을 도반 삼아
삼매의 문에 들어 괴로움의 윤회에서 벗어나기를

8-63
시간은 번갯불 같고 즐거움은 모닥불 같음이라
잠깐 참으면 영원한 대 자유를 얻으리
어찌 삿된 무리들의 달콤한 꾀임에 빠져
괴로움의 길고 긴 윤회의 고통에서 벗어나지 못하는가

8-64
보리의 행을 실천하는 보리행자여
지금 하지 않으면 다음은 없으리
다음은 하늘의 달과 같아서
쫓아가면 갈수록 수고롭고 잡지 못하는 고통만 더하리

8-65
보리의 행을 실천하는 보리행자여
괴로움도 익숙되면 달콤함의 포장 되리
어찌 이것에 속아 괴로움을 잊어버리면
더 크고 더 깊은 괴로움에 한탄할 것이다

8-66
보리의 행을 실천하는 보리행자여
자비심을 기다리는 소리를 들어라
보리심을 기다리는 소리를 들어라
급하고 급하고 가련하고 가련하지 아니한가

8-67
괴로움의 소멸의 방법을 아는 자는 많다
그러나 괴로움 소멸을 위한 행을 하는 자는 적다
그리고 괴로움 소멸을 위한 실천을 하는 자는 극히 적다
더욱이 괴로움 소멸의 자리에 들어가는 이는 희유하다

8-68
안다는 것은 이치로 사량과 분별로 아는 것이고
행한다는 것은 생각으로 일으키고 몸으로 행하는 것이다
실천한다는 것은 행한다는 생각 없이 쉼 없이 함이라
들어간다는 것은 괴로움의 완전한 소멸을 이루는 것이다

8-69
보리의 행을 실천하는 보리행자여
알고만 있어도 좋지만 그 보다 행하면 낫지 아니한가
행함보다 실천에 간단이 없다면 더욱더 좋지 아니한가
실천하는 것 보다 들어간다면 그 얼마나 좋을 것인가

8-70
괴로움 소멸에 들어가는 길의 이야기들을
들판에 핀 들꽃 보듯 그냥 지나치지 말고
먼 나라에서 길을 잃고 헤매이던 이가
지도를 얻어 기뻐하여 자세히 살펴보듯이 하기를

8-71
괴로움 소멸에 들어가는 길의 이야기들을
가을바람 스쳐 지나가듯이 그냥 지나치지 말고
사랑하는 사람 오랜 시간 후에 편지가 와서
또 보고 또 보며 기뻐하듯이 자세히 살펴봄이라

8-72
평화롭고 풍요로워 아무 근심과 걱정이 없는 마을이 있었다
어느 날 다른 포악하고 욕심 많은 마을의 사람들이 쳐들어와
마을을 차지하여 주인 행세를 하였다
그리하여 본래 마을 사람들은 괴로움과 고통을 당하였다

8-73
오랜 시간이 지나 본래 주인이었던 사람들은
자신들이 본래 주인이라고 하는 것도 잊어버리고
노예와 종노릇을 하면서도 벗어나려 하지 아니하고
괴로움과 고통을 당연하게 받아들였다

8-74
어느 날 현명한 사람이 이 마을을 지나가다가
이 사람들이 사는 것을 가엾이 여겨
본래 마을 사람들에게 이 마을의 주인은
본래 당신들 것이다 일깨워 주어서

8-75
마을 사람들은 한마음 한 행동이 되어
그동안 마을을 점령하여 주인 행세를 하던
자들을 멀리 쫓아내 보냈다
그리하여 마을은 본래의 대 자유를 얻었다

8-76
이와 같이 본래의 성품도 본래 대 자유의 텅 빔이지만
그동안 갖가지의 거칠은 인연들에 의하여
거짓인 것들이 주인 노릇을 하고 있는 것이다
이제 다시 본래 성품을 알아 괴로움의 완전한 소멸을
이루어야 한다

8-77
어떤 마을에 사람들이 모여 사는데
어떠한 원하는 일이 일어났을 적에
그 마을 사람들이 기도를 하면 반드시 이루어진다
이 마을의 사람들은 원하는 바가 이루어질 때까지
기도하기 때문이다

8-78
이와 같이 보리의 행을 실천하는 이는
괴로움의 완전한 소멸이 이루어질 때까지
수행하고 모든 노력을 다 하여야 한다
결코 한 걸음도 한 순간도 물러서서는 아니 된다

8-79
손톱 밑에 아무리 작은 가시가 박혀도
그 가시를 제거할 때까지 모든 것을 다 하듯이
본 성품의 경지에 들어 괴로움의 윤회에서
벗어나는 일에 모든 신명을 다 하여야 한다

8-80
어떠한 상처를 입었다고 하면
그 상처를 치유할 때까지 모든 노력을 다 하듯이
본래 성품을 보아 괴로움의 완전한 소멸을 이루는 일에
모든 힘과 노력을 다 하여야 한다

8-81
하나하나 이치로 살피고 관찰하여 알고
생각 생각으로 깊이 행하여 들어가고
한순간도 나태함이 없이 몸으로 실천하여 나아가면
머지아니하여 본 성품을 보아 괴로움 소멸을 이루리라

8-82
오직 본 성품을 보아 괴로움 소멸에 들어감을 향하여
열흘 굶은 이가 음식을 만난 것처럼
열흘 목마름에 지친 사람이 물을 만난 것처럼
모든 항상하지 않은 일에서 벗어남을 다하여야 한다

8-83
나를 잠깐 기쁘게 하거나 잠시 즐겁게 하는 것들은
괴로움을 몰고 오는 태풍과 같은 것이요
나를 항상하지 않은 일에 풍요롭게 하는 것들은
괴로움의 무더기를 가져다 주는 사기꾼들이라

8-84
하늘이 무너지고 땅이 꺼진다 하여도
그것들은 흘러가는 흐르는 현상일 뿐
오직 본 성품을 보아 괴로움의 윤회에서 벗어나는 일이
그 어떠한 일보다 중요하고 시급한 일임을 알아야 한다

8-85
보리의 행을 실천하는 보리행자는
과거의 인연 있던 모든 이들의
은혜를 결코 잊으면 아니 된다
그 은혜에 보답하기 위하여 괴로움 소멸을 위하여
최선을 다하여야 한다

8-86
보리의 행을 실천하는 보리행자는
순간순간 스쳐가는 인연들의 은혜를
함부로 가벼이 지나쳐서는 아니 된다
그 은혜에 보답하기 위하여 괴로움 소멸에
모든 노력을 다하여야 한다

8-87
보리의 행을 실천하는 보리행자는
다가올 인연들의 은혜를
헛되이 보내서는 아니 된다
그 은혜에 보답하기 위하여 한시바삐 괴로움에서
벗어나야 한다

8-88
보리의 행을 실천하는 보리행자는
유정물이든 무정물이든 모든 존재하는 것들에
항상 감사하고 항상 헌신하고 항상 자비함을 내고
이를 위하여 본 성품을 보고 괴로움의 소멸을
속히 이루어야 한다

8-89
모든 것은 봄날처럼 무심히 흘러가고 있다
모든 것은 피고 지는 꽃처럼 무심히 흘러가고 있다
잡힐 것 같은 것들 있을 것 같은 것들 모두 다
흘러가 버리고 마는 흘러감의 흐름이다

8-90
주위의 인연들이 삼대같이 많이 있다 하여도
오직 홀로 있는 괴로움은 달랠 수가 없고
기쁨과 행복이 하늘이 무너지듯 내리는 비처럼
쏟아져 내린다 하여도 괴로움의 허전함은 채울 수 없음이라

8-91
이 몸은 썩어 가는 더러운 것임을 알고
목숨이 눈꺼풀에 붙어 있음을 잊지 말고
순간 숨 넘어가고 순간 숨 넘어오는 것이 마지막처럼
지금이 지나면 다시는 지금이 오지 않음을 알아야 한다

8-92
사사로운 세상의 항상함이 없는 일을 말하지 말고
시비 분별에 휘말리거나 일으키지 말고
항상하지 않은 것들은 보지도 생각하지도 말고
무리지어 희희낙락하지 말지어다

8-93
모든 이가 선지식임을 잊지 말고
괴로움 소멸을 위한 가르침 듣기를 소홀히 말고
보리행 실천의 모습을 벗어나거나 잊어버리지 말고
오직 괴로움의 윤회에서 벗어남에만 힘쓸 것이다

8-94
보리의 행을 실천하는 보리행자는
먼저 '나'라고 하는 실체를 바르게 알고
그 '나'라고 하는 것이 변하여 감을 알고
본래 성품을 보아 괴로움 소멸로 가는 실천을 함이라

8-95
보리의 행을 실천하는 보리행자는
이 '나'라고 하는 것은 괴로움의 무더기임을 알고
이 '나'라고 하는 것은 실체가 없음을 알고
모든 행하는 것은 항상함이 없음을 알아야 한다

8-96
보리의 행을 실천하는 보리행자는
본래 성품을 보아 괴로움 소멸을 위하여서는
청정한 지킴이 있어야 하고 고요한 안정이 있어야 하고
어두움에서 벗어나는 텅 빔의 지혜가 있어야 함을
알아야 한다

8-97
보리의 행을 실천하는 보리행자는
깊고 깊은 습 덩어리로 기름을 삼아
허망한 물질의 육체를 심지로 피우고
'나'가 있음과 욕망의 덩어리를 태워서

8-98
어두움을 밝히는 불을 밝히고
모든 것이 괴로움 덩어리임을 알고
어떠한 것도 고정된 실체가 없음을 알고
모든 항상하지 않은 것들을 끊고

8-99
맑고 깨끗한 청정함에 들어가
고요함의 자리에 머물러서
텅 빔의 지혜를 터득하여
삼매의 경지에 이르러서

8-100
무소유의 행과 헌신의 행과
진실한 언어의 행과 괴로움의 완전한 소멸의 행을
실천하고 또 실천하여서
본래 성품을 보아 괴로움의 윤회에서 벗어날 것이라

8-101
그리하여 대자비의 행의 수레를 타고
대보리의 행을 실천하여서
가없는 모든 곳에 괴로움의 윤회에서
고통 받는 곳이 없게 함이라

8-102
보리의 행을 실천하는 보리행자여
육체의 괴로움 덩어리에서 도망쳐야 한다
있다 함의 헛된 것들에서 도망쳐야 한다
항상하지 않은 것들에서 도망쳐야 한다

8-103
보리의 행을 실천하는 보리행자여
청정함의 밭으로 들어가야 한다
고요함의 밭으로 들어가야 한다
텅 빔의 밭으로 들어가야 한다

8-104
보리의 행을 실천하는 보리행자여
삼매의 고요한 밭에서
본래 성품의 등불을 가없이 비추면서
대자유를 한없이 쓰기를 바라노라

서 원

1. 뭇 생명들을 해한 것에 대하여 깊이 참회하고
   자비의 행의 실천을 다하겠습니다

2. 남의 것을 탐한 것에 대하여 깊이 참회하고
   무소유의 행의 실천을 다하겠습니다

3. 음욕을 일으킨 것에 대하여 깊이 참회하고
   청정한 행의 실천을 다하겠습니다

4. 남을 속인 것에 대하여 깊이 참회하고
   진실한 행의 실천을 다하겠습니다

5. 술과 청정하지 못한 음식물들로 인한 것에 대하여
   깊이 참회하고 청정한 행의 실천을 다하겠습니다

6. 지금껏 큰 보리의 행을 하지 않은 것에 대하여
   깊이 참회하고 큰 보리의 행의 실천을 다하겠습니다

7 지금까지 큰 자비의 행을 하지 않은 것에 대하여
  깊이 참회하고 큰 자비의 행의 실천을 다하겠습니다

8 스스로에게 괴로움의 윤회를 준 것에 대하여
  깊이 참회하고 괴로움의 윤회에서 벗어나기 위한
  실천을 다하겠습니다

9 다른 이 괴로움의 윤회를 벗어나게 하지 못한 것에
  대하여 깊이 참회하고 모든 이가 괴로움의 윤회를
  벗어나게 하기 위하여 실천을 다하겠습니다

10 가없는 모든 곳이 괴로움의 윤회의 고통이 없기를
   신명을 다하여 행하고 실천을 다하겠습니다

거룩한 부처님께 이 글을 바칩니다
거룩한 가르침에 이 글을 바칩니다
거룩한 수행자께 이 글을 바칩니다

이 글이 비록 비루하고 비천하다 할지라도
그 어느 누군가가 어두운 밤길에
등불을 만나듯이 만나서
지혜의 눈을 떠서
괴로움의 완전한 소멸이 이루어지기를
두손모아 신명을 다하여
기도 드립니다

해동 사문 정왜

2013년 10월 10일
RAMBAR STUPA에서 절하며 바치다

2013년 무더운 여름날 6월 초
부처님 최초의 설법지에서 시작하다
SARNATH DHAMEKH. STUPA

무더운 7월 초 여름날
부처님의 성도지에서 가피와 영감을 얻어
이 글을 쓰기 시작하다
BODH. GAYA. MAHABODHI. TEMPLE

9월 초
부처님의 탄생지에서 쓰다
LUMBINI. MAYADEVI. TEMPLE

10월 초
부처님 열반지에서 마무리 짓다
KUSHINAGAR 부처님 열반지
NIRVANA MANDIR 열반사원
RAMBAR STUPA 다비탑

괴로움에서 벗어나는 길

초판 발행	2016년 4월 21일
지은이	정왜 스님
발행처	도서출판 도반
발행인	이상미
편집팀	김광호, 이시현
대표전화	031-465-1285
이메일	doban0327@naver.com
주소	경기도 안양시 만안구 안양로 332번길 32
ISBN	978-89-97270-23-1

*이 책은 저작권법에 의해 보호를 받는 저작물이므로 무단 전재와 무단 복제를 금합니다.